KRISTIN PILZ

AUSSER BETRIEB

INDUSTRIEKULTUR IM FINOWTAL

vbb verlag für berlin-brandenburg

2., aktualisierte Auflage 2018

Binzstraße 19, D–13189 Berlin
www.verlagberlinbrandenburg.de

Idee, Text, Fotografie und Gestaltung: Kristin Pilz, Potsdam
Gesetzt aus der Source Sans Pro und der Franchise
Druck: Multiprint OOD, Kostinbrod

ISBN 978-3-945256-16-9

AUSSER BETRIEB

INHALT

ORIENTIERUNG

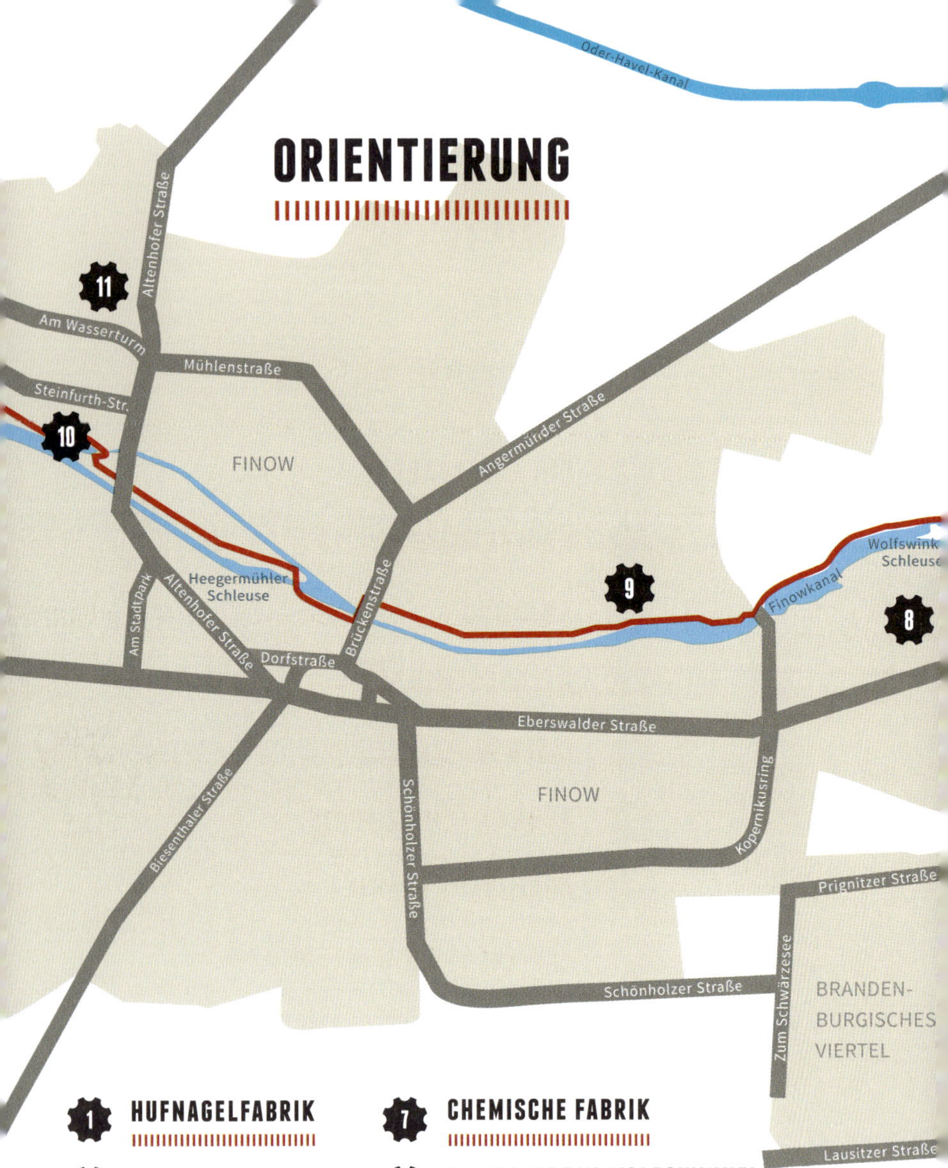

1 HUFNAGELFABRIK

2 KUPFERHAMMER

3 KRANBAU

4 KZ-AUSSENLAGER

5 EISENSPALTEREI

6 ROHRLEITUNGSFABRIK

7 CHEMISCHE FABRIK

8 PAPIERFABRIK WOLFSWINKEL

9 KRAFTWERK HEEGERMÜHLE

10 MESSINGWERK

11 KUPFERHÄUSER

— TREIDELWEG

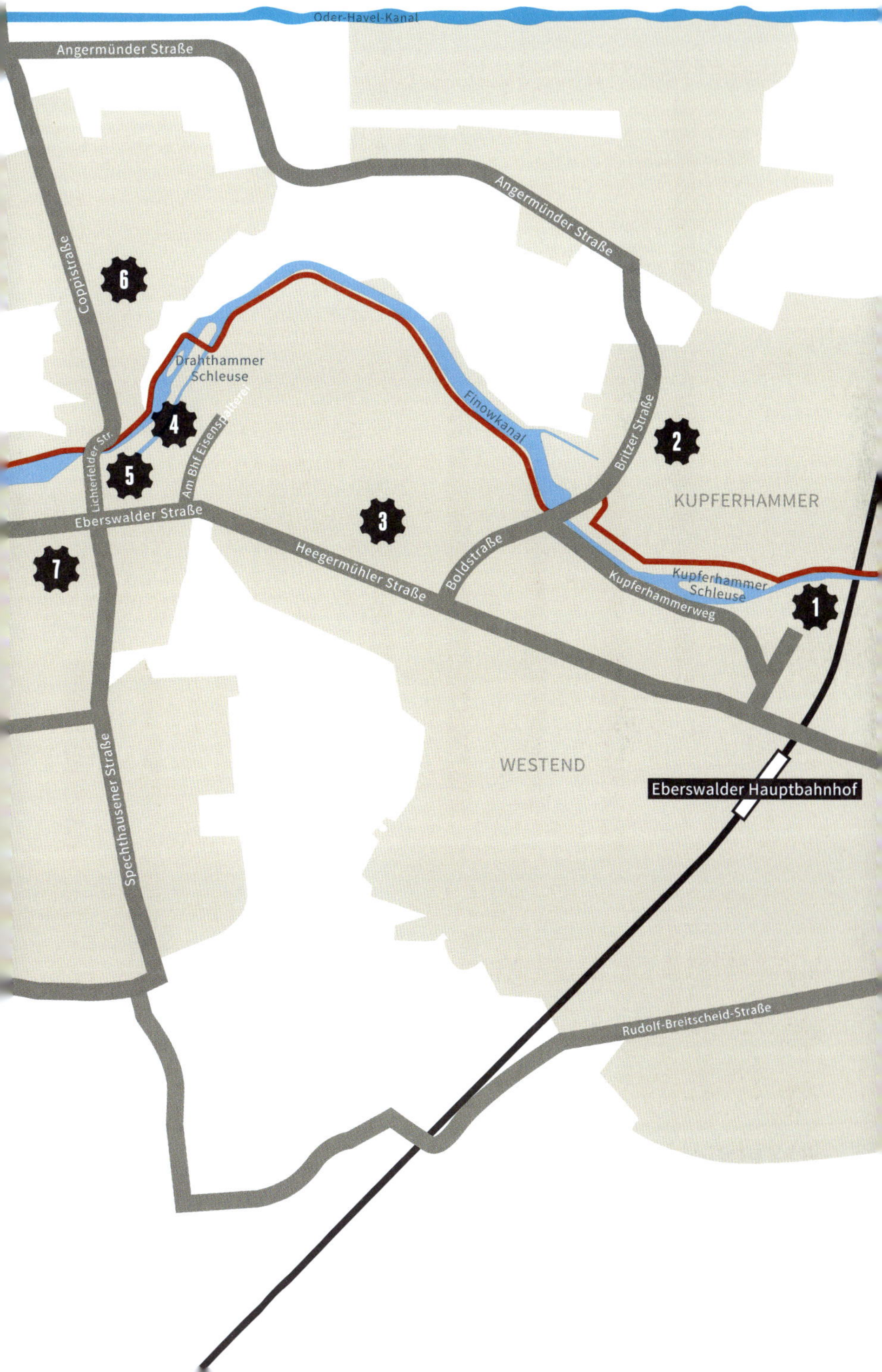

Oder-Havel-Kanal
Angermünder Straße
Angermünder Straße
Coppistraße
6
Drahthammer
Schleuse
Am Bhf Eisenspalterei
4
Lichterfelder Str.
5
Finowkanal
Britzer Straße
2
KUPFERHAMMER
3
Eberswalder Straße
7
Heegermühler Straße
Boldstraße
Kupferhammerweg
Kupferhammer
Schleuse
1
WESTEND
Eberswalder Hauptbahnhof
Spechthausener Straße
Rudolf-Breitscheid-Straße

ZEITTAFEL

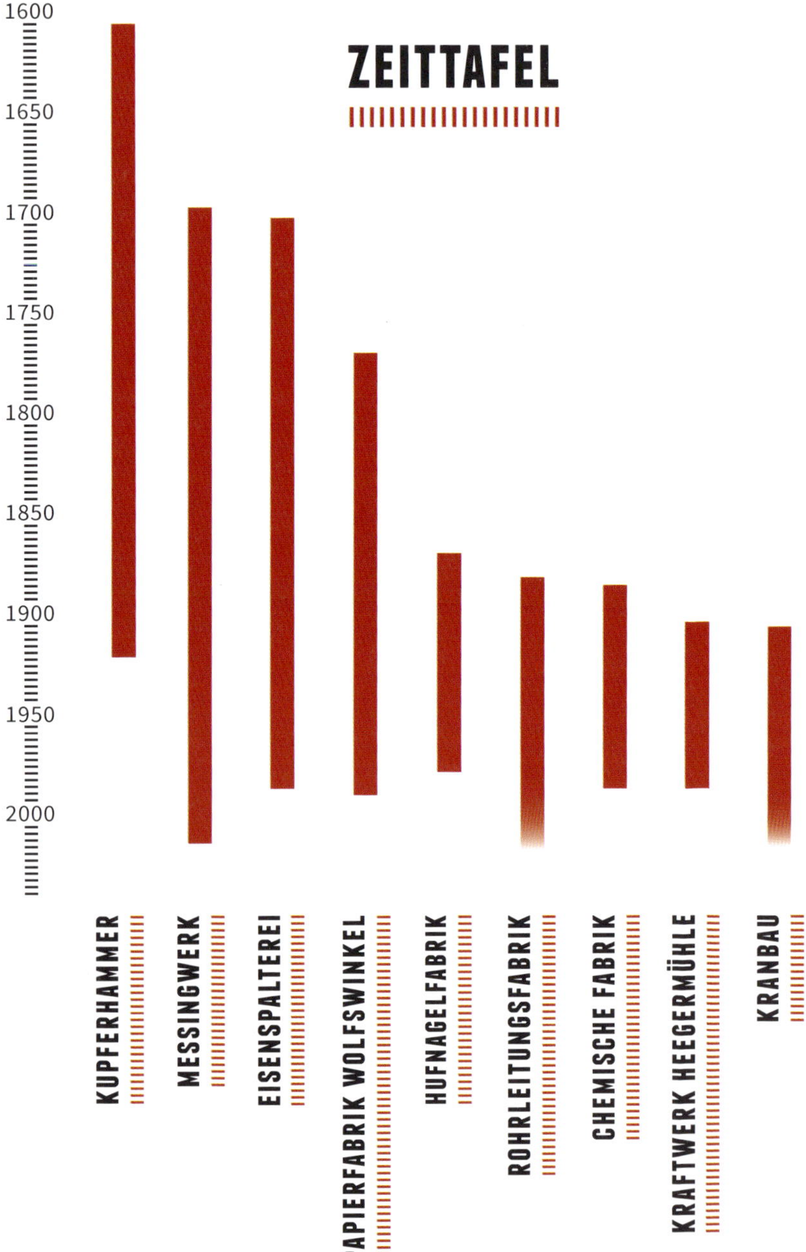

1600
1650
1700
1750
1800
1850
1900
1950
2000
KUPFERHAMMER
MESSINGWERK
EISENSPALTEREI
PAPIERFABRIK WOLFSWINKEL
HUFNAGELFABRIK
ROHRLEITUNGSFABRIK
CHEMISCHE FABRIK
KRAFTWERK HEEGERMÜHLE
KRANBAU

VORWORT

Ob mit dem Rad, dem Bus oder vom Wasser aus – es gibt viele Möglichkeiten, die Industrielandschaft am Finowkanal zu entdecken. Die in diesem Buch beschriebene Route erstreckt sich über eine Länge von rund sechs Kilometern. Sie beginnt, ausgehend vom Eberswalder Hauptbahnhof, an der Hufnagelfabrik und setzt sich fort in Richtung Westen bis zum Messingwerk.

Vom Treidelweg entlang des Kanalufers lassen sich die meisten der Industriedenkmäler zu Fuß oder mit dem Rad erreichen, aber auch die städtische Buslinie macht an vielen der ehemaligen Betriebe und Fabriken Halt.

Nicht alle Betriebsgelände sind frei zugänglich, und es wird dringend davor gewarnt, verlassene Fabrikgebäude zu betreten. Einige von ihnen sind mittlerweile so baufällig, dass ernsthafte Lebensgefahr besteht!

Wer Industriegeschichte aktiv erleben will, sollte auf jeden Fall einen Abstecher in den Familiengarten Eberswalde machen. Der für die Landesgartenschau 2002 angelegte Landschaftspark auf dem Gelände der ehemaligen Eisenspalterei verbindet Industriekultur mit Gartenkunst und verschiedenen Freizeitangeboten. Mit einem Tretboot können zum Beispiel die unterirdischen Betriebsarchen des Walzwerks durchquert werden. Vom »Montage-Eber« – einem Kran des ehemaligen Kranbau Eberswalde – kann man den Blick von oben auf den Familiengarten und das Finowtal genießen.

Ein weiter Ausblick auf Letzteres bietet sich einem auch in 44 Metern Höhe vom Aussichtssteg des Wasserturms in der Messingwerksiedlung. Eine Ausstellung im Inneren des Turms gibt Auskunft über die interessante Geschichte des Werks und der Siedlung.

Nähere Informationen zu Sehenswürdigkeiten, zum Wassertourismus oder zu Verkehrsanbindungen finden sich im Informationsteil ab Seite 92.

Viel Spaß bei der Spurensuche am Finowkanal!

DER FINOWKANAL

Der Finowkanal gilt als älteste künstliche Wasserstraße Deutschlands, die heute noch betriebsfähig ist. Auf einer Länge von 32 Kilometern gleichen zwölf historische Schleusen den Höhenunterschied von 36 Metern zwischen Havel und Oder aus.

1603 veranlasste Kurfürst Joachim Friedrich den Bau des Finowkanals, um die Havel über das Flüsschen Finow mit der Oder zu

← Postkarte vom Finowkanal um 1900

verbinden und so den Verkehrsweg Berlin – Stettin auszubauen. Neben dem neuen Transportweg samt Wasserkraft trugen auch die großen Vorkommen an Raseneisenerz, Holz und Ton zur Entwicklung des Finowtals zu einem Industriestandort bei.

Während des Dreißigjährigen Krieges (1618–1648) wurde der Kanal fast vollständig zerstört und verlor seine Funktion. Friedrich II. war es, der 1743 – ein knappes Jahrhundert später – den erneuten Bau des mittlerweile fast in Vergessenheit geratenen Finowkanals anordnete. Mit der Fertigstellung drei Jahre später kam der industrielle und wirtschaftliche Aufschwung des Finowtals. Der Anschluss an die Bahnverbindung Berlin – Stettin in den Jahren 1842/43 sorgte für die Ansiedlung weiterer Industriebetriebe.

← Wassertouristen an der Heegermühler Schleuse

Auch mit Hilfe von Segeln wurden die Lastkähne auf dem Finowkanal fortbewegt

Vor allem metallverarbeitende Industrie siedelte sich in einem Band entlang des Kanals an und prägte damit die städtebauliche Entwicklung von Eberswalde. Ortsteile wie Messingwerk, Eisenspalterei oder Kupferhammer zeugen noch heute von den Standorten einstiger Werke und deren dazugehörigen Siedlungen. In weiten Teilen Deutschlands wurde das Finowtal als »Märkisches Wuppertal« bekannt.

Mit der Eröffnung des Oder-Havel-Kanals im Juni 1914 verlor der Finowkanal für die Schifffahrt zunehmend an Bedeutung. Der Oder-Havel-Kanal bot mehr Kapazität für die größer werdenden Schiffe und das steigende Verkehrsaufkommen. Durch den Bau des Schiffshebewerks Niederfinow konnte – im Gegensatz zu den vielen Schleusen, die auf dem Finowkanal passiert werden mussten – der Höhenunterschied von 36 Metern in wenigen Minuten überwunden werden.

Mit dem politischen Umbruch 1989 kam das Ende der meisten Industriewerke im Finowtal. Heute wird der Kanal nicht mehr für den Transport von Waren und Rohstoffen, sondern vor allem von Wassersportlern und Touristen zur Freizeitgestaltung genutzt.

Auch mit dem Rad lässt sich die Natur und die Industriegeschichte des Finowkanals entdecken. Der am Ufer entlangführende Treidelweg ist von Zerpenschleuse bis zum Schiffshebewerk in Niederfinow zur Radfahrstrecke ausgebaut. Benannt ist der Uferweg nach dem traditionellen Treideln – dem Ziehen der Kähne vom Ufer aus. Bis zur Einführung der Dampfschifffahrt im 19. Jahrhundert wurden so die Kähne entlang des Finowkanals von Pferden oder Menschen getreidelt. Für diese Kähne wurde sogar ein eigenes Schiffsmaß – das Finowmaß – definiert, das sich auf die Breite des Kanals bezog.

Die »Schippelschute«, ein für den Personentransport gebautes Floß, das zu Freizeitzwecken auf dem Finowkanal verkehrt, erinnert an eine weitere alte Tradition. Noch bis in die 1960er-Jahre war es nämlich üblich, dass Holz auf dem Finowkanal vor allem als Floß zusammengefasst transportiert wurde. In Anlehnung an diese Tradition findet in Finowfurt auch das jährliche Flößerfest statt.

↓ *Durch den Bau des Oder-Havel-Kanals und des Schiffshebewerks verlor der Finowkanal zunehmend an Bedeutung*

STANDORT → Kupferhammerweg, südlich des Finowkanals
→ Vom Kupferhammerweg zweigt rechts vom Autohaus Kleist ein Weg ab, der auf das Gelände der ehemaligen Hufnagelfabrik führt

BUSANBINDUNG → Vom Hauptbahnhof fußläufig zu erreichen

1

HUFNAGELFABRIK

1871 verlegte das Berliner Unternehmen Deutsche Gesellschaft für Hufbeschlag-Material Moeller & Schreiber seinen Sitz nach Eberswalde. Zwei Jahre zuvor hatten die Fabrikbesitzer Julius Moeller und Clemens Schreiber eine Maschine zur Herstellung von Hufnägeln erfunden und sie sich patentieren lassen. Für den neuen Standort sprachen vor allem die direkte Nähe zum Finowkanal und die Anbindung an die Fernbahn.

↓ *Fabrikansicht von der Kanalseite um 1900*

Mit dem Bau der Hufnagelfabrik in Eberswalde entstand die erste Fabrik auf dem europäischen Festland, in der Hufnägel maschinell hergestellt werden konnten, denn zuvor wurden diese ausschließlich von Hand geschmiedet. Schnell zeichnete sich Erfolg ab. Die Fabrik wurde deutschlandweit zu einem marktführenden Unternehmen, und mit 684 Beschäftigten seinerzeit zu einem der größten Arbeitgeber der Region. Bis zum Ersten Weltkrieg stieg die Zahl der Beschäftigten auf rund 1 500 Mitarbeiter.

Fortschrittlich zeigte sich das Unternehmen auch, als am 7. Februar 1883 in einem Saal der Fabrik das erste elektrische Licht in Eberswalde brannte. Schnell fanden sich Nachahmer an-

← *Packung mit Hufnägeln aus der Hufnagelfabrik Moeller & Schreiber*

↑

Schornstein und Ruine des Kesselhauses

derer Industriebetriebe im Finowtal. Nach einer Begradigung des Kanals 1880 konnte das Werk noch einmal um das Doppelte seiner Fläche mit eng beieinander stehenden Hallengebäuden erweitert werden.

Heute ist nur noch sehr wenig von dem ehemaligen Werksgelände zu erkennen. Von den einstigen Fabrikgebäuden sind nur noch das 1882 erbaute Kesselhaus und der dazugehörige Schornstein erhalten. Beide sind jedoch in einem sehr schlechten, verfallenen

Zustand. Auch die am Kupferhammerweg 17 gelegene ehemalige Villa Schreiber ist dem zunehmenden Verfall preisgegeben. Sie wurde 1873 für den Mitbesitzer der Hufnagelfabrik Clemens Schreiber errichtet. Das 1879 erbaute Wohnhaus für die leitenden Mitarbeiter am Kupferhammerweg 10 ist dagegen noch sehr gut erhalten geblieben.

↑ *Villa Schreiber am Kupferhammerweg*

Ein technisches Denkmal von besonderer Seltenheit wurde 1908 auf dem Gelände der Fabrik in Betrieb genommen. Die Firma A. Borsig in Berlin entwickelte eine elektrohydraulische Hebevorrichtung, mit der beladene Güterwagen vom Werksgelände auf die höher gelegenen Anschlussgleise der Fernbahn umgesetzt werden konnten. Mit diesem sogenannten Waggonfahrstuhl – einer fachwerkartigen Stahlkonstruktion – wurden Waggons mit einem Gewicht von bis zu 25 Tonnen gehoben und ein Höhenunterschied

↑ *Obere Plattform des Waggonfahrstuhls mit Anschlussgleisen*

von sechs Metern überwunden. Die Last wurde mit Gewichten ausgeglichen.

Heute ist auch der Fahrstuhl in einem desolaten Zustand und steht teilweise unter Wasser. Das Areal um den Aufzug ist aber beräumt und für Interessierte zugängig gemacht worden.

Wirtschaftliche Schwierigkeiten führten Anfang der 1920er-Jahre zu einem Verkauf der Hufnagelfabrik an die konkurrierende Firma Mustad & Sohn aus Hamburg, die das Werk sechs Jahre später stilllegte. Zunächst wurde es als Baustofflager von der Reichsbahn, ab 1939 von der Wehrmacht genutzt. Durch einen Bombenangriff im April 1945 wurden rund siebzig Prozent der Werksgebäude zerstört. Die Rote Armee besetzte das Gelände und übergab es im Februar 1946 an die Stadt mit dem Befehl, die Produktion wieder aufzunehmen, da man dringend Hufnägel benötigte. Aus Mangel an Hufnagelmaterial produzierte der nunmehr unter dem Namen VEB Nagel- und Drahtziehwerk Eberswalde arbeitende Betrieb zunächst mit zwei alten Maschinen Drahtstifte. Mit der Zeit wurden die vom Krieg zerstörten Hallen repariert oder später neu errichtet. Die endgültige Stilllegung des Betriebs erfolgte noch vor dem Ende der DDR.

Aufgrund von Wohnbebauungsplänen für das ehemalige Werksgelände begannen Ende der 1990er-Jahre Abrissarbeiten. Das Gelände wurde, bis auf die wenigen unter Denkmalschutz stehenden Gebäude, beräumt. Die geplante Wohnbebauung fand nicht statt und das Gelände ist heute verwaist.

← ↑

Waggonfahrstuhl

STANDORT → Britzer Straße, nördlich des Finowkanals

BUSANBINDUNG → Buslinien 861 + 862 (Haltestelle Boldstraße) oder
→ Buslinie 864 (Haltestelle Kupferhammer)

2

KUPFERHAMMER

Das Werk und die Siedlung Kupferhammer gehen zurück auf zwei im 16. Jahrhundert ursprünglich an dem Fluss Schwärze errichtete Hämmer.

1603 erwarb Kurfürst Joachim Friedrich die wirtschaftlich schlecht arbeitenden Hämmer von der Stadt Eberswalde und verlegte sie an die Finow, um dort die größere Wasserkraft zu nutzen. Dies geschah gewiss auch im Hinblick auf den Bau des Finowkanals, den der Kurfürst im Oktober 1603 anordnete. Das Werk bestand neben den drei Hämmern (Breiten-, Tiefen- und Schmelzhammer) auch aus einigen Wohnhäusern für Werksangehörige und bildete die erste Industriesiedlung am Kanal. Der Grundstein für die industrielle Entwicklung des Finowtals war gelegt.

↓ *Alte Ansicht vom Kupferhammer*

Durch den Dreißigjährigen Krieg (1618–1648) wurden der Kupferhammer wie auch der Finowkanal erheblich in Mitleidenschaft gezogen. Ein Großfeuer, das während der Wiederaufbauarbeiten ausbrach, brannte das Hammerwerk gänzlich nieder.

Zwischen 1653 und 1660 baute man den Kupferhammer nochmals auf. Mit dem Edikt vom März 1654, das die Einfuhr fremder Kupferwaren verbot, entwickelte sich das Werk zur Kupfer-

← *Walzwerk des Kupferhammers*

↑ *Ansicht vom Kupferhammer um 1900; im Hintergrund ist das Alte Hüttenamt in seinem früheren Zustand zu sehen*

schmiedezentrale der Mark Brandenburg. Meisterprüfungen wurden nur in Kupferhammer abgenommen und die Innung des märkischen Kupferhandwerks traf sich hier zu regelmäßigen Versammlungen. Produziert wurde allerhand Kupfergeschirr und Halbzeuge.

Um 1700 gründeten sich, ebenfalls am Finowkanal, die Eisenspalterei und das Messingwerk. Zwischen den drei Werken entstand, die Besitzer dieser Werke betreffend, im Laufe der Geschichte eine enge Verbindung. So pachteten zwischen 1709 und 1715 die drei Franzosen Aureillon, Lejeune und Didelot den Kupferhammer und waren gleichzeitig bis 1719 Besitzer des Messingwerks. Aureillon gründete bereits 1698 die Eisenspalterei.

1719 übernahm das Berliner Bank- und Handelshaus Splitgerber & Daum die Pacht für den Kupferhammer und pachtete ebenfalls für mehrere Jahrzehnte das Messingwerk.

Während des Siebenjährigen Krieges (1756–1763) wurde der Hammer ein weiteres Mal zerstört und nach Kriegsende wieder aufgebaut. Das Werk wurde auch durch neue Wohnhäuser und ein Hüttenamt, in dem die Hüttenverwaltung untergebracht war, erweitert.

↑
Arbeiterwohnhaus von 1818

Das heute noch erhaltene, ehemals repräsentative Gebäude hat sich im Laufe der Zeit jedoch zu einem schlichten Wohnhaus verändert. In unmittelbarer Nähe zum Werk entstand auch die nördlich des Finowkanals gelegene Kolonie Kupferhammer, auch bekannt als Naumannsche Kolonie (heutige Naumannstraße). Benannt

←
Das ehemalige Alte Hüttenamt in der Britzer Straße 11; mittlerweile zu einem schlichten Wohnhaus umgebaut

↑ *Das von Johann F. Wedding entworfene Walzwerk des Kupferhammers; heute zum Wohnhaus umgebaut*

wurde diese nach dem Berliner Kriegs- und Domänenrat Gotthilf Naumann, der die Siedlung anlegen ließ. Einige der damals errichteten Gebäude sind heute noch – wenn auch teils stark überformt – erhalten geblieben.

Der Bau der ersten preußischen Dampfmaschine 1758 wurde auch für den Kupferhammer zu einem besonderen Ereignis, denn das Werk am Finowkanal produzierte den Kessel für diese »Feuermaschine«. Üblicherweise war zu dieser Zeit der größte Teil der Produktion vor allem am Bedarf des preußischen Heeres orientiert.

Ab 1816 – der Kupferhammer arbeitete mittlerweile wieder unter staatlicher Hand – wurden tiefgreifende Modernisierungen und eine Werkserweiterung nach Norden durchgeführt. Ein neues Walzwerk mit Dampfmaschinenantrieb wurde errichtet. Die Entwürfe zu diesem besonderen Zeugnis der frühindustriellen Architektur stammten vom Industriebaumeister Johann Friedrich Wedding.

Die Bauleitung übernahm Oberbergrat Eckardt aus Berlin, der zuvor in England moderne Hüttenwerke besucht hatte. Beide waren auch für Bauten in der nahegelegenen Eisenspalterei verantwortlich, was eine gewisse Ähnlichkeit der im klassizistischen Stil errichteten Gebäude erklärt. Mit der Modernisierung erweiterte

←
Denkmal für die während des Ersten Weltkrieges gefallenen Werksangehörigen; die Kupfertafel wurde 2012 entwendet und durch eine neue Tafel ersetzt

*»1914–1918
Vom Hüttenwerk Kupferhammer fanden den Tod im großen Kriege:
Walter Fischer, Emil Franke, Kurt Lindner, Leo Pieklak, Alexander Pieklak, Johannes Reckin, Max Schmidt, Otto Schmidt, Hermann Tepper
Wer bis zum Tod im Kampfe stand bleibt auch in fremder Erde im Vaterland«*

sich auch die Produktionspalette. Unter anderem wurden Kupferbleche, Zinktafeln für die Dachdeckung, Maschinenteile und sogar versilberte Kupferplatten für das Kunsthandwerk hergestellt. Die wirtschaftlichen Erwartungen, die an die Modernisierungen geknüpft waren, erfüllten sich jedoch nicht und die Ertragslage wurde ebenso im Messingwerk wie in der Eisenspalterei schlechter.

1867 gelang es, den Kupferhammer an die Mansfeldsche Kupferschieferbauende Gewerkschaft aus Eisleben zu verkaufen. Die Mansfelder Gewerkschaft war bis dato der Hauptrohstofflieferant für das Werk. Für die Siedlung Kupferhammer änderte sich mit dem Wechsel des Besitzers nicht viel.

1893 bekam die Siedlung Kupferhammer die erste eigene Gemeindeschule, die schon wenige Jahre später eine Aufstockung erhielt, da Kupferhammer mittlerweile 726 Einwohner hatte. Die Schule wurde bis Mitte der 1970er-Jahre als solche genutzt.

↑ *Die Kolonie Kupferhammer um 1900*

Zu jener Zeit waren im Kupferhammer die Sozialdemokraten aktiv. Da das Sozialistengesetz von 1878 bis 1890 sozialistische und sozialdemokratische Organisationen und Parteien verbot, trafen sich die illegal agierenden Parteifunktionäre im Gasthaus Kupferhammer Schleuse zu geheimen Treffen. Treidelknechte sollen verbotenes Material transportiert haben und blinde Passagiere, die sich auf Finowkähnen verbargen, an der Schleuse ein- und ausgestiegen sein. Der Siedlung brachte dies später die Bezeichnung »Roter Kupferhammer« ein.

Während des Ersten Weltkrieges wurde der zuletzt mit veralteten Hämmern arbeitende Kupferhammer stillgelegt und zerfiel fortan. Den neun im Krieg gefallenen Werksangehörigen errichtete man unmittelbar nach Kriegsende ein Denkmal mit Kupfertafel. In den 1920er-Jahren wollte sich die Mansfelder Gewerkschaft neu orientieren und funktionierte das Walzwerk zu

↑ *Die Naumannsche Kolonie*

einem Silberwalzwerk um. Die Produktion lief jedoch nur wenige Jahre. 1927 übernahm die Firma Hoffmann & Motz, die bereits Besitzer der Eisenspalterei war, das inzwischen stillgelegte Hüttenwerk. Man beabsichtigte jedoch nicht, die Produktion wieder aufzunehmen, sondern wollte mit den Wasserrädern des Hammerwerks Strom für die Eisenspalterei erzeugen. Damit war das Ende der wichtigsten brandenburgischen Kupferschmiedezentrale besiegelt.

Die Gemeinde Kupferhammer wurde 1936 an die Stadt Eberswalde angegliedert. Nach Ende des Zweiten Weltkrieges wurde das Werk enteignet. 1947 übernahm es die Familie Motz erneut. Die Produktion wurde aber nicht mehr aufgenommen und das Werk zerfiel weiter. Durch umfangreiche Straßen- und Brückenbauarbeiten wurde der Verlauf der Britzer Straße so verändert, dass die Reste des Hammerwerks verschwanden.

STANDORT → Heegermühler Straße

BUSANBINDUNG → Buslinien 861 + 862 (Haltestelle Kranbau)

3 KRANBAU

1902 eröffnete der aus Oberschlesien stammende Ingenieur Robert Ardelt in Eberswalde ein technisches Industriebüro. Kurze Zeit später traten seine Söhne Max und Paul Ardelt dem Unternehmen bei, denen in späteren Jahren auch die Söhne Robert und Rudolf folgen sollten. 1904 wurde die Robert Ardelt & Söhne Maschinenfabrik mit einem Werksgelände in der Eisenbahnstraße, nahe des Eberswalder Hauptbahnhofs, gegründet. Mit der Ferti-

← *Verwaltungsgebäude mit ehemaliger Werkszufahrt*

gung und Reparatur diverser Maschinen und Anlagen – zu denen auch schon Kräne gehörten – sowie dem Besitz von Patenten, die Robert Ardelt jun. ins Unternehmen einbrachte, konnte sich der Betrieb schnell am Markt etablieren. Um das Werk zu erweitern, erwarben die Ardelts 1911 das Gelände an der Heegermühler Straße, das noch heute Standort für den Kranbau (Kocks Ardelt GmbH) ist. Im September des folgenden Jahres wurde bereits Einweihung gefeiert. Aus diesen Anfangstagen des neuen Werks stammt auch das direkt an der Heegermühler Straße gelegene Verwaltungsgebäude mit der Torbogen-Werkszufahrt, welches in den 1930er-Jahren jedoch noch einmal erheblich umgebaut wurde.

← *»Montage-Eber« – der Montagekran des Kranbau Eberswalde; heute als Aussichtspunkt im Familiengarten Eberswalde genutzt*

↑ →
Werkhalle mit Betriebsemblem

Die Produktionspalette erstreckte sich unter anderem auf verschiedene Arten von Kränen, Gießereiausrüstungen oder Getriebe für Eisenbahnen und andere Fahrzeuge.

Mit Beginn des Ersten Weltkrieges änderte sich dies jedoch durch zunehmende Rüstungsaufträge. Solche Aufträge brachten auch eine enorme Vergrößerung des Werks mit sich. Die Fläche des Betriebs vergrößerte sich um fast das Fünffache und die Zahl der Beschäftigten stieg von ursprünglich 171 Mitarbeitern im Jahr 1912 auf 2 350 bis zum Jahr 1918. Den größten Teil der Arbeit leisteten Frauen, die in Zwölf-Stunden-Schichten Tag und Nacht arbeiteten.

1918 begann man mit dem Bau erster Wohnhäuser für Werksangestellte. In unmittelbarer Nähe zum Werk, in der heutigen Boldtstraße, wurde die sogenannte Beamtensiedlung für höhere Angestellte errichtet. Da der Bedarf an Wohnungen durch die zahlreichen Arbeiter rasant anstieg, wurden in den nächsten Jahrzehnten weitere Wohnsiedlungen durch die Ardelt-Werke errichtet. Mit den Heimstättensiedlungen Nordend und Ostend haben die Ardelts die Stadtentwicklung von Eberswalde entschieden mitgeprägt. Bekanntheit erlangten die Ardelt-Werke auch durch ihre Mitarbeit an der Entwicklung und Errichtung des 1934 fertiggestellten Schiffshebewerks Niederfinow. Zur Erprobung der Funktion und Überprüfung der Sicherheit wurde von den Arbeitern des Betriebs ein Modell im Maßstab 1:5 angefertigt.

Nach der Machtübernahme der Nationalsozialisten und im Zuge der sogenannten Wehrhaftmachung stiegen die Rüstungsaufträge. Schon Anfang 1934 wurde der Betrieb durch den Bau des Märkischen Stahlformenwerks am Oder-Havel-Kanal erweitert. Das Stahlformenwerk wurde mit der Bezeichnung »Sägewerk« getarnt und auch im Stammwerk an der Heegermühler Straße lief die Produktion von Rüstungsgütern unter Geheimhaltung an. Das Gelände wurde erneut mit dem Bau großer Hallen erweitert und die Zahl der Beschäftigten stieg weiter auf rund 8 000 Personen an. Die Ardelts gehörten zu den bedeutenden Rüstungsunternehmern des Dritten Reiches und gründeten weitere Niederlassungen in Breslau, Rothau (heute Tschechien) und Kragau (heute Rumänien).

↑

Rüstungsproduktion in den Ardelt-Werken

↓

Werkhalle an der Heegermühler Straße

Mit Kriegsbeginn fehlten Arbeitskräfte und in steigendem Maße wurden Zwangsarbeiter und Kriegsgefangene zur Rüstungsproduktion eingesetzt. Mehrere Lager zur Unterbringung der unter anderem aus Polen, Russland, Frankreich oder Holland stammenden Arbeiter wurden in der Umgebung errichtet. 1943 wurde in der Nähe des Werks ein Nebenlager des Konzentrationslagers Ravensbrück erbaut, dessen überwiegend weibliche Häftlinge die Arbeit im Werk unter schwersten Bedingungen verrichten mussten.

↑ *Ehemalige Beamtensiedlung für höhere Angestellte des Betriebs in der Boldtstraße*

Nach Kriegsende besetzte die Sowjetarmee das vom Krieg unversehrt gebliebene Werksgelände. Die Ardelts flüchteten nach Niedersachsen und gründeten Werke in Ludwigshafen und Osnabrück. In Eberswalde folgte die Demontage großer Teile des Betriebs. 1948 wurde die Produktion auf Anordnung der Sowjetischen Militäradministration in den verbliebenen Gebäuden mit Gründung des VEB Kranbau Eberswalde wieder aufgenommen. Das Werk entwickelte sich wieder, neue Betriebsbauten wurden errichtet und man zählte zu DDR-Zeiten rund 3000 Beschäftigte. Mit dem Bau von Kränen erlangte der Volkseigene Betrieb internationale Bekanntheit und wurde zum führenden Spezialhersteller für

Hafen- und Werftkräne in Europa. Nach der Wende brach die Produktion ein. Der Betrieb konnte nach Privatisierung und Massenentlassung jedoch in einem Teil der ehemaligen Gebäude weitergeführt werden.

Heute stellt die Kocks Ardelt Kranbau GmbH in Eberswalde unter anderem Portalwippdrehkräne mit dem bereits 1932 von den Ardelts patentierten Doppellenker-Wippsystem her und verkauft diese weltweit.

←
In den 1930er-Jahren entwickelten und produzierten die Ardelt-Werke in Eberswalde auch Rangierlokomotiven

STANDORT → Gegenüber dem Toom Baumarkt an der Eberswalder Straße liegt die Seitenstraße Am Bahnhof Eisenspalterei. Sie führt direkt zu den verbliebenen Baracken

BUSANBINDUNG → Buslinie 861 (Haltestelle Eisenspalterei) oder
→ Buslinie 862 (Haltestelle Spechthausener Straße)

4

KZ-AUSSENLAGER

Viele Unternehmen im Finowtal produzierten während der Weltkriege Rüstungsgüter. Vor allem im Zweiten Weltkrieg mussten viele Tausende als Zwangsarbeiter in den Betrieben unter menschenunwürdigen Bedingungen kriegswichtige Güter herstellen.

Etwa 20 000 Kriegsgefangene, KZ-Häftlinge und Zivilpersonen aus den von Deutschland besetzten Gebieten wurden von 1939 bis 1945 im Raum Eberswalde zwangsweise eingesetzt, zirka 8 700 von ihnen in den nahe dem Kanal gelegenen Industriebetrieben. Viele

← *Eine der letzten beiden erhaltenen Baracken mit Gedenktafel*

Fabriken errichteten eigene Lager für die ausländischen Arbeitskräfte oder nutzten alte Fabrikgebäude zur Unterbringung.

Unter der Vielzahl von Lagern befanden sich auch zwei Außenlager des KZ Ravensbrück – das Außenlager in Finow für die Finow Industrie GmbH (Tochterfirma der Kupfer- und Messingwerke) sowie das Außenlager in Eisenpalterei für die Ardelt-Werke. Vom Lager Eisenspalterei, das direkt an der heutigen Eberswalder Straße neben den Ardelt-Werken lag, sind zwei Baracken erhalten geblieben. Sie befinden sich auf Höhe des heutigen Familiengartens am Ende der Seitenstraße Am Bahnhof Eisenspalterei. Der Name der Straße weist auf den ehemaligen, hier an der Strecke der

← *Das »Deutsche Lager« als Titelbild der Ardelt-Werkszeitung 1942*

Eberswalde-Finowfurter Eisenbahn gelegenen, Bahnhof Eisenspalterei hin. Eine der erhaltenen Baracken beherbergt heute eine Dauerausstellung über das Außenlager.

Das aus Stein erbaute Barackenlager wurde zunächst für die Unterbringung von deutschen und ausländischen Zivilarbeitskräften geplant. Nachdem man begann, vermehrt Häftlinge aus den Konzentrationslagern in der Rüstungsproduktion einzusetzen, wurde das Lager ab dem Sommer 1944 zu einem Außenlager des

→ *Häftlinge vor einer Baracke des KZ-Außenlagers*

KZ Ravensbrück umgerüstet. Elektrozäune, Stacheldrahtzäune und Wachtürme wurden errichtet. Man hätte für das Lager sicher kaum einen Standort direkt an der Hauptstraße gewählt, wäre es von vornherein als KZ-Außenlager geplant gewesen. Die Häftlinge waren zum größten Teil jugendliche Frauen unter 21 Jahren, von denen zeitweilig bis zu 1000 im Lager untergebracht waren. Die meisten von ihnen kamen aus Italien, Polen und Russland, aber auch viele andere Nationen waren vertreten.

Vom Lager aus wurden die Frauen in Kolonnen und unter SS-Bewachung entlang der Hauptstraße zu den Ardelt-Werken geführt. Im Werk mussten sie kräftezehrende Arbeiten verrichten, schwere Lasten tragen und waren zum Teil gesundheitsschädlichen Dämpfen ausgesetzt. Gearbeitet wurde von Montag bis Samstag in Zwölf-Stunden-Schichten, während derer sie ebenfalls von der SS überwacht wurden. Für Fehlverhalten gab es Strafen:

Schläge, Arrest in einem unter Wasser stehenden Keller, Essensentzug oder stundenlanges Stehen in der Kälte in spärlicher Bekleidung. Im April 1945 wurde das Lager evakuiert und die Häftlinge nach Ravensbrück transportiert.

Marianna Bogusz, geborene Janiszewska aus Warschau, die im Außenlager in Eisenspalterei inhaftiert war, erinnert sich an die Zustände im Lager und im Ardelt-Werk:

»Ich war noch 14 Jahre alt, als ich zusammen mit meiner Schwester in Eberswalde landete. Das Eingangstor zum Lager lag nahe der Hauptstraße. Dort stand ein Wachhäuschen mit Wachmann. Und es gab Zäune aus Stacheldraht, drei Zäune, das ganze Gelände war umzäunt. Ein Zaun, der zweite unter Strom und noch ein dritter. An den Ecken standen Wachtürme und darauf Wachmänner mit Maschinenpistolen. Wir dachten aber gar nicht an die Flucht. Wie denn? Der Zaun reichte bis zur Erde, man hätte graben müssen, aber womit? Mit bloßen Händen? Und wohin dann fliehen? Wir hatten keine richtige Kleidung, kannten die Sprache nicht. Die Deutschen hätten uns ohnehin verpfiffen, da sie Angst hatten, selbst in einem Lager zu landen. Die hygienischen Verhältnisse waren so, dass ich die ganzen neun Monate in diesem einen Kleid herumlief. Wäsche waschen konnte man nicht. Ich spürte den Dreck und Gestank. Dazu noch die Läuse, unglaublich viele! Das Kleid war schrecklich dünn, und während der Appelle, wenn die Aufseherinnen nicht ganz nahe waren, versuchten wir uns aneinander zu wärmen. Das war aber verboten, da wir einen ausgestreckten Arm Abstand halten mussten. Wir hatten keine Wäsche, keinen Schlüpfer, keine Strümpfe. Mit nackten Füßen standen wir Appell und liefen zur Fabrik. Die Kälte war schrecklich, die erfrorenen Füße schmerzten so sehr.

In der Fabrikhalle war es sehr kalt, es gab dort ein großes Tor, sodass ein Zug reinfahren konnte. Wir arbeiteten in zwei Schichten, tags- und nachtsüber, abwechselnd. Die Arbeit war schwer. Ich bearbeitete Flugzeugteile. Das waren Metallschachteln, die wir mit schweren Feilen bearbeiten mussten. Zwölf Stunden konnte man kaum aushalten.«[1]

Die Geschichten von Marianna Bogusz und anderen Häftlingen sind in der eingerichteten Dauerausstellung dokumentiert.

STANDORT → Am Alten Walzwerk 1, Kreuzung Eberswalder/Lichterfelder Straße

BUSANBINDUNG → Buslinie 861 (Haltestelle Eisenspalterei) oder
→ Buslinie 862 (Haltestelle Spechthausener Straße)

5

EISENSPALTEREI

Der Ortsteil Eisenspalterei liegt auf halber Strecke zwischen den Stadtteilen Finow und Eberswalde. Das Werksgelände, das der Siedlung den Namen gab, befand sich einst an der Stelle des heutigen Familiengartens Eberswalde.

Am 8. September 1698 erhielt der Hugenotte Moise Aureillon die Erlaubnis, einen Eisenhammer und eine Drahtzieherei an der

← *Schriftinstallation am ehemaligen Walzwerk im Familiengarten Eberswalde*

Finow zu errichten. Bis 1702 wurde das Werk fertiggestellt, dessen Bezeichnung »Eisenspalterei« sich auf die Verarbeitung des Eisens im Schneidewerk bezog.

Im Mai 1707 kam es zu einem Brand, der das Werk bis auf das Wohnhaus des Fabrikanten völlig vernichtete. Im Lauf der Geschichte sollte es immer wieder zu einer Reihe von verheerenden Bränden in der Eisenspalterei kommen, die mitunter abermals große Teile des Werks zerstörten. Trotz Wiederaufbauversuchen verlor Aureillon das Werk. Der Staat übernahm die Anlagen und verpachtete sie fortan. Ab 1732 pachtete das Berliner Handels- und Bankhaus Splitgerber & Daum neben dem Messingwerk auch die Eisenspalterei. Das Werk belieferte hauptsächlich die ebenfalls zu Splitgerber & Daum gehörenden preußischen Gewehrfabriken in Potsdam und Spandau sowie eine Stahl- und Eisenwarenfabrik in Eberswalde.

← *Erhaltene Reste einer Produktionsanlage des Walzwerks im Familiengarten*

↑ Das von Johann Friedrich Wedding entworfene Alte Walzwerk

Zu der damaligen Zeit galten die Industriebetriebe am Finowkanal als touristische Sehenswürdigkeit. Gegen eine Gebühr konnten die Werke besichtigt werden, was vor allem die zahlreichen Bade- und Kurgäste der Stadt nutzten

1780 befand sich die Eisenspalterei in einem so schlechten Zustand, dass der Staat die Administration des Werks übernahm und es fast komplett rekonstruieren und modernisieren ließ. 21 Gebäude gehörten nach dem Ausbau zur Eisenspalterei, darunter auch drei Hüttengebäude, fünf Magazine und fünf Arbeiterwohnhäuser. Zu dem bedeutendsten Bau dieser Zeit zählt das 1816 bis 1818 errichtete Alte Walzwerk. Die Entwürfe dazu stammten, wie auch schon zum Walzwerk im Kupferhammer, vom Oberhüttenbaudirektor Johann Friedrich Wedding.

Besondere Aufmerksamkeit wurde dem Gebäude auch durch das 1830 von Carl Blechen geschaffene Gemälde *Walzwerk Neustadt-Eberswalde* zuteil, das in die Kunstgeschichte einging als eine der frühesten Darstellungen von Industrieanlagen in der deutschen bildenden Kunst.

Zur Landesgartenschau 2002 wurde das Alte Walzwerk, dessen Architektur sich über die Zeit stark verändert hatte, wieder in seinen ursprünglichen Zustand gebracht.

Nach der Erweiterung des Werks wurde auch die Infrastruktur der Wohnsiedlung ausgebaut. Die bis dahin am nördlichen Kanalufer gelegene Werksiedlung wurde an die heutige Eberswalder

←
Der am 29. Juli 1798 in Cottbus geborene Maler Carl Eduard Ferdinand Blechen zählt zu den bedeutendsten deutschen Landschaftsmalern des 19. Jahrhunderts. Mit seinem Gemälde Walzwerk Neustadt-Eberswalde *schuf er 1830 eine der frühesten Industriedarstellungen in der deutschen Malerei. Für die Rekonstruktion des alten Walzwerksgebäudes zur Landesgartenschau 2002 wurden auch die von Blechen gefertigten Zeichnungen und sein Gemälde herangezogen*

Straße verlagert, ein Schulgebäude (heute nicht mehr erhalten) errichtet und ein Friedhof angelegt. 1840 arbeiteten und lebten in Eisenspalterei rund 185 Menschen.

Als der wirtschaftliche Erfolg trotz technischer Neuerungen ausblieb, entschloss sich der Staat zur Privatisierung. Nach mehreren Besitzerwechseln wurde die Eisenspalterei 1879 von der Firma Hoffmann & Motz übernommen. Mit den neuen Besitzern brachen nun endlich stabile Zeiten für die Eisenspalterei an, die auch mit einer erneuten Werkserweiterung einhergingen.

Westlich der Lichterfelder Straße wurde das Neue Hüttenwerk errichtet, eine große stützenfreien Halle mit einer halbkreisförmigen Tragwerkskonstruktion aus Eisengitterbögen, einer Spannweite von über zwanzig Metern und einem Konstruktionsgewicht von nur dreißig Kilogramm pro Quadratmeter. Eine in den letzten Jahren verbreitete Vermutung, dass es sich bei der Halle um den ehemaligen Stettiner Bahnhof aus Berlin handelt, konnte mittlerweile widerlegt werden.

↑ *Das Neue Hüttenwerk mit dazugehörigem Schornstein*

Durch einen Brand im Jahr 1997 wurde die hölzerne Fassade der Halle völlig zerstört, sodass heute nur noch die Gitterkonstruktion und der zur Halle gehörende Schornstein zu finden sind.

In direkter Nachbarschaft zum einstigen Hüttenwerk befindet sich eine besser erhaltene Halle von ähnlicher Konstruktion. Die sogenannte Borsighalle, auch als Knüppelhalle bekannt, ist etwas kleiner als das neue Hüttenwerk. Die ursprünglich als Prototyp von August Borsig in Berlin-Moabit errichtete Oberlichthalle wurde dort rund fünfzig Jahre als Puddel- und Walzwerkhalle genutzt und diente gleichzeitig als Anschauungsbeispiel für die von Borsig

↑ *Das neue Walzwerk an der Lichterfelder Straße*

in Serie gefertigten Hallen. Während der Verlegung des Borsigwerks nach Berlin-Tegel 1899 wurde die Halle abgebaut und nach Eberswalde gebracht. Die Borsighalle gilt als Vorreiter für seriell gefertigte Gitterbogenhallen und wurde 2014 in das Programm national wertvoller Kulturdenkmäler aufgenommen und saniert.

Nachdem ein Brand im Mai 1895 große Teile des alten Hüttenwerks zerstörte, wurde an der Lichterfelder Straße ein neues Walzwerk mit zwei großen Schornsteinen errichtet. Für den Bau dieser aus mehreren Hallenschiffen bestehenden großen Halle wurden erstmals die beiden Betriebsgräben vollständig überbaut.

Die Borsighalle während der Sanierung, 2018

Heute kann man mit einem Tretboot auf dem Gelände des Familiengartens die Freigräben unter der Halle durchqueren.

Während die Fabrikantenfamilie Motz ihren wirtschaftlichen Erfolg auf dem nahegelegenen kleinen Gutshof mit herrschaftlicher Villa lebte, waren die Lebens- und Arbeitsbedingungen für die Arbeiter und ihre Familien schlecht. Die Arbeiterhäuser waren nass und von Schimmel befallen, es fehlten Toiletten und ausreichend Küchen für alle Familien. Im Werk selbst kam es häufig zu Unfällen aufgrund der geringen Beleuchtung in den Fabrikhallen.

↑ →

Die ehemalige Villa der Fabrikantenfamilie Motz; im Vordergrund die Hubbrücke, die in den 1950er-Jahren neu erbaut wurde und die letzte ihrer Art am Finowkanal ist

Mit der Weltwirtschaftskrise Ende der 1920er-Jahre geriet das Werk in Schwierigkeiten. 1931 folgte die Stilllegung. Lediglich die Hufeisenproduktion in der – heute als Stadthalle für Veranstaltungen genutzten – Hufeisenfabrik wurde noch bis 1945 aufrechterhalten. Andere Werkhallen nutzte man zu Lagerzwecken. Nach dem Krieg besetzten sowjetische Truppen das Gelände, welches jedoch noch bis 1959 Privateigentum von Hoffmann & Motz blieb. Auf Befehl der Sowjetischen Militäradministration wurde 1947/48, nach 15 Jahren Stillstand, die Produktion wieder aufgenommen und in den nächsten Jahren ausgebaut. Im Laufe der folgenden Jahrzehnte verlegte man die Produktion des mittlerweile Volkseigenen Betriebs Walzwerk Finow zunehmend in das Neuwerk des ehemaligen Messingwerks. Nach der Wende wurde der Betrieb auf dem Gelände der Eisenspalterei endgültig eingestellt. Es folgte die Demontage der Anlagen und der Verfall. Letzterer konnte ein Stück weit durch die Ausrichtung der Landesgartenschau 2002 aufgehalten werden. Im Familiengarten Eberswalde ist es heute möglich, die Geschichte der Eisenspalterei zu erleben.

↑

Die Betriebsarchen unter dem Walzwerk können mit dem Tretboot durchquert werden

←

Walzwerk mit Betriebsarchen

STANDORT → Coppistraße, nördlich des Finowkanals

BUSANBINDUNG → Buslinie 861 (Haltestelle Eisenspalterei) oder
→ Buslinie 862 (Haltestelle Spechthausener Straße)

6

ROHRLEITUNGSFABRIK

Nördlich des Finowkanals, unweit der Eisenspalterei, liegt die ehemalige Rohrleitungsfabrik. Noch heute werden auf dem Gelände, das sich in den 1990er-Jahren zu einem Gewerbezentrum entwickelt hat, Rohrsysteme hergestellt. Da die Gebäude durch verschiedene Gewerbetreibende genutzt werden, konnten große Teile des ehemaligen Fabrikgeländes vor einem Verfall gerettet werden.

↓ *Ansicht der Fabrik um 1900*

1893 erwarb der Berliner Zivilingenieur Franz Seiffert die Eberswalder Eisengießerei Gerlach & Krell, um sein 1883 in Berlin-Wedding gegründetes Unternehmen an den Finowkanal zu verlegen und auf dem Gelände der Eisengießerei eine Rohrleitungsfabrik zu errichten. Seiffert fertigte als erster Unternehmer in Deutschland industriell hergestellte Rohrleitungen und spezialisierte sich besonders auf Dampfhochdruck-Rohrleitungen für den Betrieb von Elektrizitätswerken.

Mit steigender Produktion wuchs das anfangs kleine Werksgelände beträchtlich. So entstand auch der südliche Teil der heute

← *Fabrikgebäude an der Coppistraße*

↑
Teilansicht der ingesamt 250 Meter langen Fassadenfront

insgesamt über 250 Meter langen Fassadenfront des Werks an der Coppistraße. An diesem Gebäudeensemble lässt sich noch heute die Entwicklung der Fabrik von den Anfängen um 1900 (Werkseinfahrt) bis zum Zweiten Weltkrieg (nördlicher Teil) ablesen.

Während der Zeit von 1919 bis 1924 erfuhr das Werk noch einmal einen Zuwachs um fast das Doppelte seiner Fläche. Aus dieser Zeit stammt auch das heute von Solaranlagen umgebene Heizkesselhaus mit seinen zwei Schornsteinen, welches zur Wärme- und Stromversorgung des Werks diente. Viele andere Gebäude, die ebenfalls im nördlichen Teil des Geländes erbaut wurden, sind heute nicht mehr vorhanden.

Nach dem Tod von Franz Seiffert 1932 und einer Phase der wirtschaftlichen Neuorientierungen erwarben 1938 die Mannesmann-Röhrenwerke den Betrieb. Während des Zweiten Weltkrieges war die Rohrleitungsfabrik Zulieferbetrieb für die Rüstungsindustrie. Bis

↑
Das ehemalige Heizkesselhaus der Rohrleitungsfabrik

zum 20. April 1945 lief die Produktion. Eine ehemalige Mitarbeiterin erinnert sich: »Am Freitag, dem 20. April 1945, wurde vormittags noch Fliegeralarm gegeben. Die gesamte Belegschaft mußte in die Luftschutzräume des Werkes. Aufgrund eines tel. Anrufes, daß sich die russische Front schon unmittelbar vor Eberswalde befindet, strömten sämtliche Betriebsangehörige nach der Entwarnung, nach kurzem Aufräumen ihrer Arbeitsplätze, noch am Vormittag nach Hause.«[2]

Das Werksgelände blieb im Krieg unzerstört. Nach Kriegsende wurde es von der Sowjetarmee besetzt, enteignet und demontiert. Darüber hinaus waren Teile der Streitkräfte noch bis 1992 im nördlichen Teil des Werks stationiert.

1946 wurde die Produktion wieder aufgenommen und 1953 der Betrieb in den VEB Energie- und Kraftwerksanlagen Rofin (Rohrleitungsbau Finow) umfirmiert. Ab den 1970er-Jahren wurden vor

↑
Arbeiter in der Flanschdreherei, um 1900

allem Rohrleitungen für Chemie- und Kraftwerksanlagen gebaut. Sämtliche Kraftwerke in der DDR waren mit Rohrleitungen aus dem Rohrleitungsbau Finow ausgestattet.

Nachdem die Wende einen Baustopp von Atomkraftwerken mit sich brachte, kam es zu drastischen Absatzproblemen beim Rohrleitungsbau Finow. 1990 wurde der Betrieb privatisiert und viele Arbeiter entlassen. Kurz darauf wurde aus den vielen Hallen und Werksgebäuden der Rofin Gewerbepark. In einem Teilbereich des Werksgeländes produziert die FINOW Rohrsysteme GmbH weiterhin Rohrleitungssysteme.

→
Fabrikgebäude mit der typischen gelb-roten Ziegelfassade

STANDORT → Eberswalder Straße, Parkplatz des Familiengartens

BUSANBINDUNG → Buslinie 861 (Haltestelle Eisenspalterei)
→ Buslinie 862 (Haltestelle Specthausener Straße)

7

CHEMISCHE FABRIK

Das Gelände der Chemischen Fabrik erstreckte sich auf einem knapp einen Kilometer tiefen Areal südlich der heutigen Eberswalder Straße. Die Werkszufahrt zur Fabrik befand sich direkt an der Straße und ist heute noch durch zwei Gebäude links und rechts der ehemaligen Einfahrt gut zu erkennen. Diese beiden Bauten und ein weiteres kleines Gebäude, welches ehemals als Pferdestall genutzt wurde, sind die letzten architektonischen Zeugnisse der

↓ *Das Linoleum-Werk um 1900; rechts im Bild das heute noch erhaltene Verwaltungsgebäude*

Chemischen Fabrik. Sie gehen zurück auf eine hier ursprünglich errichtete Linoleum-Fabrik.

1894 gründete der Berliner Kaufmann Adolf Frentzel die Eberswalder Linoleum-Werke, um den damals neuen, sehr gefragten Kunstboden herzustellen. Aus dieser Anfangszeit stammen auch die beiden erhalten gebliebenen Gebäude an der Werkseinfahrt. Im Beamten- und Wohlfahrtshaus, links der Einfahrt, befanden sich Büros, Beamtenwohnungen, ein großer Speisesaal und ein Baderaum für die Belegschaft. Der Saal wurde später als Feuerwehrgarage genutzt. Das imposante Verwaltungsgebäude rechts der Einfahrt

← *Das ehemalige Camphergebäude der Chemischen Fabrik*

↑ *Die ehemalige Werkszufahrt zwischen den letzten erhaltenen Gebäuden*

beherbergte ebenfalls Büros. Im Obergeschoss befanden sich zwei Betriebsleiterwohnungen.

Das zentrale Fabrikgebäude beeindruckte seinerzeit durch seine außergewöhnliche Höhe, welche der Produktionsweise des Linoleums geschuldet war. Der Lehrer Hermann Aurich schrieb 1906 in seinem Buch *Die Industrie am Finowkanal*: »Beim Anblick dieser gewaltigen Halle wird uns klar, warum die Gebäude eine so ungewöhnliche Form haben müssen. Hängt doch hier die breite Linoleumbahn in 14 Meter tiefen Wellenlinien von einem Gestell an der Decke herab und gibt in der Hitze des Raumes den letzten Rest der Feuchtigkeit ab.«[3] Aurich beschrieb auch den Tunnel, der unter der Eberswalder Straße hindurch auf den Kohlenlagerplatz der Fabrik führte. Durch diesen Tunnel fuhr eine Feldbahn, die Kohle von den am Finowkanal anlegenden Kähnen zum Werk transportierte.

← *Beamten- und Wohlfahrtshaus*

1903 wurde die Fabrik an die Deutsche Linoleum- und Wachstuch Compagnie verkauft. Sie erweiterte das Werk um einige Gebäude. Nachdem in der Bevölkerung der Wunsch nach farbigem und mit Mustern versehenem Linoleum stieg und das Bedrucken des Linoleums aufgrund der schnellen Abnutzung keine Alternative bot, entwickelte man in Eberswalde granitfarbenes Lino-

↓ *Der verzierte Giebel des ehemaligen Verwaltungshauses wird mit wappentragenden Putten geschmückt und trägt die Aufschrift DEUS PROVIDEBIT (Gott wird vorsorgen)*

↑ *Chemische Fabrik, undatiertes Foto*

leum. In einem speziellen Herstellungsverfahren wurden verschiedene Massen von gefärbtem Linoleum brockenweise durcheinandergemischt und dann auf ein Jutegewebe gepresst.

1913 wurde das Werk erneut verkauft, diesmal an den Konkurrenten Delmenhorster Linoleum-Werke, der die Fabrik stilllegte. 1921 kaufte das chemisch-pharmazeutische Unternehmen Schering AG aus Berlin den Betrieb. Nach Umbauarbeiten startete 1923 die Produktion von synthetischem Campher, der für die Herstellung von Kunststoff in der Automobilbranche eine große Rolle spielte. Der Wandel zur chemischen Fabrik war vollzogen und das Betriebsgelände wurde noch einmal um das Doppelte seiner Fläche erweitert.

Gegen Ende des Zweiten Weltkrieges wurde das Werk von sowjetischen Truppen besetzt, enteignet und rund neunzig Prozent des Betriebs demontiert. Eine geplante Sprengung der Gebäude konnte verhindert werden.

↑ *Dampfspeicherlok der Chemischen Fabrik, die heute auf dem Gelände des Familiengartens steht*

1947 wurde der VEB Chemische Fabrik Finowtal gegründet und man begann in kleinerem Umfang mit der Produktion von Pflanzenschutzmitteln. Ab den 1950er-Jahren kam erneut Campher hinzu und später Carboxymethylcellulose, von der zuletzt mehr als 20 000 Tonnen jährlich produziert wurden. Bei der Produktion von Camphen und dem daraus erzeugten Isobornylacetat, das zur Herstellung von Fichtennadelduft gebraucht wurde, war die Chemische Fabrik Finowtal weltweit größter Produzent.

Nach der Wende wurde das Werk privatisiert und ging in Konkurs. Einige Jahre standen die Gebäude leer, bis sie letztendlich abgerissen wurden. Teile des ehemaligen Geländes dienen heute als Parkplatz für den Familiengarten Eberswalde.

STANDORT → Eberswalder Straße

BUSANBINDUNG → Buslinie 861 (Haltestelle Eisenspalterei oder Wolfswinkel) oder
→ Buslinie 862 (Haltestelle Spechthausener Straße)

8

PAPIERFABRIK WOLFSWINKEL

Die Papierfabrik Wolfswinkel geht zurück auf eine ursprünglich bei Heegermühle – dem heutigen Finow – gelegene Papiermühle, welche während des Siebenjährigen Krieges zerstört wurde. Da das nahegelegene Messingwerk die Wasserrechte in Heegermühle für sich beanspruchte, entschied man sich für einen Neubau am heutigen Standort südlich der Wolfswinkler Schleuse.

Am 20. Juli 1765 nahm die Papiermühle in Wolfswinkel ihren Betrieb auf. Um die Mühle anzutreiben, wurde vom Finowkanal ein

← *Die Papierfabrik, 1873*

Mühlengraben abgezweigt, welcher noch heute vorhanden ist. Als Rohstoff zur Papierherstellung dienten zu jener Zeit alte Stoffreste, die von den Lumpensammlern zusammengetragen wurden. Die Lumpen wurden zu einem wässrigen Faserbrei verarbeitet und in der sogenannten Bütte per Hand mit einem Sieb zu Papier geschöpft und anschließend getrocknet.

1790 übernahm Joshua Fournier die unter seinen Vorgängern wenig erfolgreich arbeitende Mühle. Durch Modernisierungen und Investitionen in neue Technik gelang es Fournier, die Qualität des Papiers deutlich zu steigern. Für die wachsende Zahl der Arbeiter

← *Innenraum der 1928/29 errichteten Halle für die neue Papiermaschine* wurde auf dem Gelände der Papiermühle die erste kleine Arbeitersiedlung angelegt.

Nach weiteren Besitzerwechseln übernahm 1812 der Berliner Kaufmann Johann Friedrich Nitsche die Papiermühle und baute sie gemeinsam mit seinen Söhnen Schritt für Schritt zur Papierfabrik

→ *Fabrikbesitzer Marggraff (4. v. rechts) mit seiner Belegschaft im Papiersortiersaal*

aus. Mit dem Kauf einer englischen Papiermaschine 1834 vollzog Nitsche den Weg zur industriellen Papierherstellung. Statt Wasserräder kamen nun Turbinen zum Einsatz, die von Dampfmaschinen angetrieben wurden. Die Büttenproduktion wurde mit dem Einstieg ins Industriezeitalter alsbald abgeschafft.

1865 trat Bernhard Carl Marggraff dem Unternehmen bei und übernahm es später als alleiniger Besitzer. Marggraff prägte die Papierfabrik nachhaltig und verhalf ihr durch zahlreiche bauliche und technische Veränderungen zu großem Aufschwung. Die Bausubstanz der Fabrik wurde stark verändert und prägt noch heute das Bild des Geländes.

Das Werksgebäude an der Eberswalder Straße, welches seit 1881 eine Zellulosefabrik beherbergte, wurde 1890 von Marggraff übernommen und zum Werk für die Lumpenaufbereitung umgebaut. Für die Arbeiter der Fabrik und deren Angehörige errichtete man um 1880 südlich der Eberswalder Straße Wohnhäuser, die die ältesten noch erhaltenen Arbeiterhäuser der ehemaligen Papierfabrik sind und noch heute bewohnt werden. Wolfswinkel entwickelte sich zu einer kleinen Siedlung mit rund 150 Einwohnern. Auch die sozialen Bedingungen der Arbeiter verbesserten sich in

↑ *Eines der noch heute bewohnten Arbeiterhäuser von 1880; rechts: alte Fassadenwerbung, 2017 enfernt*

der Ära Marggraff. Allen Einwohnern des Gutsbezirks Wolfswinkel, auch den Alten und Gebrechlichen, wurde ein Unterhalt gewährt und eigens eine Fabrikkrankenkasse eingerichtet.

Von dieser Blütezeit der Papierfabrik zeugte auch die zur damaligen Zeit modern ausgestattete Villa des Fabrikbesitzers Marggraff, die 1997 leider einer Brandstiftung zum Opfer fiel und nur noch als Ruine vorhanden ist. Der zur Villa gehörende Park ist heute stark verwildert, lässt aber noch die Grundzüge der einstigen Gestaltung erahnen. Gleich neben der Villa befand sich das ehemalige Kutscherhaus mit Wohnungen für Bedienstete und Stallungen.

Anfang des 20. Jahrhunderts stellte man in der Papierfabrik die Produktion auf elektrischen Antrieb um. Das nahegelegene Elektrizitätswerk Heegermühle lieferte die Leistung von monatlich ca. 150 000 Kilowattstunden. 1915 wurde eine vorhandene Wasserkraftanlage zum ersten vollautomatischen Wasserkraftwerk in

Ruine der ehemaligen Fabrikantenvilla

↑ *Das Kutscherhaus*

Europa umgebaut. Als Rohstoff kamen nun neben Lumpen vermehrt Zellulose und geschliffener Holzstoff zum Einsatz. Produziert wurden hauptsächlich Normal-, Bücher- und Dokumentenpapiere, Aktendeckel und Kartons. Später kamen Kabelpapiere für die Elektroindustrie hinzu.

Nach Marggraffs Tod 1917 erwarben die Siemens-Schuckertwerke GmbH Berlin die Fabrik. Sie waren bis dato der größte Abnehmer von Wolfswinkel und stellten nach dem Erwerb der Fabrik die Produktion zunehmend nach ihren Bedürfnissen um. So wurde vor allem Kabel- und Isolierpapier für das Berliner Siemens Kabelwerk hergestellt. Aber auch Pack-, Schreib-, Druck-, Buch- und Normalpapier gehörten zur Produktionspalette. Auch die Siemens-Schuckertwerke führten bedeutende Modernisierungen der Fabrik durch. Nach dem Abriss eines 42 Meter hohen Schornsteins errichtete man auf

↑
Am Ostgiebel des Kutscherhauses befinden sich die eisernen Initialen von Karl Bernhard Marggraff

←
Werkhalle neben dem Kutscherhaus

dessen Sockel einen Wasserturm mit einem einhundert Kubikmeter fassenden Wasserbehälter. Der Turm ist heute ein markantes Wahrzeichen von Wolfswinkel. Einige der alten Fabrikgebäude wurden durch neue Stahlbetonkonstruktionen ersetzt. Für eine neue Papiermaschine wurde 1928/29 eine große, lichtdurchflutete Halle errichtet, deren Fundament Teile des Mühlengrabens überbrückt, welcher noch heute unter dem Gebäude durchfließt. Am Bau der Halle war der Architekt Hans Hertlein beteiligt, der schon für die Siemens-Stadt in Berlin verantwortlich war. Am 26. März 1930 wurde die neue Papiermaschine in Betrieb genommen, die mit ihren 65 Metern Länge und drei Metern Breite als die »modernste Spezial-Papiermaschine Europas« galt.

Während des Zweiten Weltkrieges lief die Papierfabrik mit voller Produktion bis Mitte April 1945. In der Fabrik wurden Arbeitskräf-

↑
Der Wasserturm von Wolfswinkel

te aus den Niederlanden, Belgien, Italien, Frankreich, Polen und der Ukraine sowie Sudetendeutsche und Wolhyniendeutsche eingesetzt. Wolfswinkel blieb während des Zweiten Weltkrieges von Bombenangriffen verschont und Siemens verlagerte auch Abteilungen anderer Betriebe hierher.

Schon Anfang Mai 1945 begann in Wolfswinkel die Demontage der Papiermaschinen als Reparationsleistung für die Sowjetunion. Der sowjetische Abrisskommandant und seine Offiziere bewohnten die Fabrikantenvilla. Anfangs war Deutschen der Zutritt zum Werk verboten. Da sich der Abbau aber schwieriger gestaltete als gedacht, musste man doch auf ehemalige Arbeiter zurückgreifen. Denen gelang es, in der unübersichtlichen Situation Teile der Papiermaschine und weitere Anlagen beiseite zu schaffen. So konnte bereits im September 1946, nach der Gründung des

VEB Wolfswinkel, der erste Stoff gemahlen werden. Wenig später lief auch eine alte Papiermaschine wieder an. Eine zweite Maschine wurde aus einer ausgebrannten Fabrik herangeschafft.

Nach 1955 wurde die Fabrik schrittweise modernisiert, wobei die aus den 1920er-Jahren stammende Bausubstanz weitestgehend erhalten blieb. Die Villa wurde für Wohnungen von Betriebsangehörigen umgebaut und im Erdgeschoss die Verwaltung des Betriebs untergebracht.

Produziert wurden im VEB Wolfswinkel hauptsächlich technische Papiere wie Kabelisolierpapier, Schleifpapier und Schleifrohrpapier.

← ↑

Unter Achitekt Hans Hertlein errichtete Papiermaschinenhalle

↑ *Die Büttenabteilung der Papierfabrik, in der heute das Aktivmuseum eingerichtet ist*

Als 1956 die traditionsreiche Papierfabrik im nahegelegen Spechthausen den Betrieb einstellte, wurde deren Büttenproduktion nach Wolfswinkel verlegt und im ehemaligen Lumpenhaus an der Eberswalder Straße untergebracht, wo die Anlagen noch heute zu finden sind. So erklärt sich auch das Wasserzeichen »Specht am Baum« mit dem Schriftzug »Handgeschoepfte Buetten Spechthausen 1781«, das auf den in Wolfswinkel hergestellten Büttenpapieren zu finden war. Die Büttenabteilung von Wolfswinkel war die einzige Produktionsstätte dieser Art in der DDR. Produziert wurden unter anderem verschiedene handgeschöpfte farbige Papiere, Japanseidenpapier und Japankarton, Briefpapier und Papiere für Buchumschläge.

Nicht nur in der DDR hatte das handgeschöpfte Papier einen guten Ruf, auch im Ausland gelangte es zu Anerkennung. Sogar für die britische Queen Elisabeth II. wurde Briefpapier in Wolfswinkel hergestellt.

Im Januar 1982 wurde die Papierfabrik Wolfswinkel an die VEB Papier- und Kartonwerke Schwedt angegliedert. Nach der Wende wurde der Betrieb in den Besitz der Treuhandanstalt übergeben und firmierte als Wolfswinkel Papier GmbH. 1992 privatisiert, ging das Unternehmen bereits 1994 in Konkurs. Im April desselben Jahres wurde die Büttenabteilung mit allen technischen Einrichtungen sowie den Wasserzeichen, der Büttenpapiermustersammlung und den Archivakten unter Denkmalschutz gestellt, sodass die Anlage bis heute erhalten werden konnte und immer noch funktionsfähig ist. Im Sommer 1996 wurde die große Papiermaschine demontiert und nach Indonesien verschifft. Die Fabrik war danach dem Verfall und Vandalismus freigegeben.

Ein in der Büttenabteilung eingerichtetes Museum ist leider geschlossen worden. Ob es in Zukunft Möglichkeiten zur Besichtigung der alten Produktionsanlagen geben wird, bleibt ungewiss.

↑

Wasserzeichen »Specht am Baum«

↓

Holländergebäude mit Wasserturm im Hintergrund

STANDORT → Direkt am Treidelweg, nördlich des Finowkanals
→ An der Kreuzung Eberswalder Straße/Kopernikusring führt ein Weg über eine alte Bahnbrücke direkt zum Treidelweg. Dem Treidelweg in Richtung Westen folgen

BUSANBINDUNG → Buslinie 861 (Haltestelle Wolfswinkel)

9

KRAFTWERK HEEGERMÜHLE

Das ehemalige Kraftwerk Heegermühle ist das einzige industrielle Bauwerk in Eberswalde, dessen Schaufassade bewusst zum Finowkanal hin ausgerichtet worden ist. Noch heute hat man vom Wasser aus den besten Blick auf die eindrucksvollen Gebäude.

1909 gründete sich in Berlin unter Führung der AEG und der Elektrobank Zürich die Aktiengesellschaft Märkisches Elektrizitätswerk (MEW) mit dem Ziel, die Energieversorgung in Brandenburg auszubauen.

Schon 1908 hatte die AEG am Finowkanal bei Heegermühle mit dem Bau einer Musteranlage für ein Großkraftwerk begonnen, mit der weite Teile des nördlichen Brandenburgs versorgt werden sollten. Die Lage am Finowkanal wurde aus mehreren Gründen gewählt. Zum einen war eine durchgehende Versorgung mit Kohle durch die gute Verkehrsanbindung mit dem Schiff und der Bahn gesichert. Zum anderen gaben die großen Industriebetriebe in der Umgebung den Ausschlag für die Standortwahl.

Für die technische Planung der sogenannten Überlandzentrale war der AEG-Ingenieur Georg Klingenberg verantwortlich. Klingenberg entwickelte ein neues Konzept des Kraftwerkbaus, das in Heegermühle erstmalig zur Anwendung kam. Die Anordnung der Gebäude wurde in die vier wesentlichen Funktionsbereiche unterteilt und spiegelt den Weg der Kohle bis zur Stromspeisung ins Netz wider. Dem Kohlenlagerplatz folgten als separate Gebäude das Kessel-, das Maschinen- und das Schalthaus.

Die äußere Gestaltung der Gebäude übernahm der Architekt Werner Issel, der später zu den bedeutendsten deutschen Architekten des Industriebaus im 20. Jahrhundert zählte und zahlreiche weitere Industrieanlagen realisierte. Issel fertigte die Entwürfe nach den Vorgaben von Klingenberg an. Auch hier setzte man neue Maßstäbe im Industriebau. Der Bau in seiner sachlichen Form sollte vorrangig »dem Zwecke des Gebäudes Rechnung tragen«[4] und dient noch heute als Beispiel für die moderne Architektur des beginnenden 20. Jahrhunderts.

←
Das ehemalige Maschinenhaus des Kraftwerks Heegermühle

↑
Das Kraftwerk in seinem ursprünglichen Zustand; rechts das Kesselhaus, in der Mitte das Maschinen- und links das Schalthaus

1911 wurde das Elektrizitätswerk in Betrieb genommen und versorgte bis 1913 etwa hundert Ortschaften mit Strom. Es wurde zum Vorbild für den Bau zahlreicher anderer Kraftwerke. Der umliegenden Industrie brachte das Kraftwerk und die damit verbundene Stromversorgung einen Produktionsaufschwung.

Im Laufe der nächsten Jahre wurde das Werk weiter ausgebaut. 1916 übernahm die Provinz Brandenburg das Märkische Elektrizitätswerk. Der stetig wachsende Bedarf an Strom sorgte auch andernorts für den Bau von Kraftwerken, sodass das Werk in Heegermühle bald an Bedeutung verlor. Man erwog sogar die Stilllegung. Die Wirtschaftsmobilisierung nach 1933 verhinderte dies jedoch.

↑ *Das Kraftwerk in seinem aktuellen Zustand, ohne Kesselhaus*

Mit Beginn der Rüstungsproduktion in den Werken des Finowtals und dem damit verbundenen steigenden Strombedarf erfuhr das Elektrizitätswerk zwischen 1937 und 1938 einen weiteren Ausbau.

Nach dem Zweiten Weltkrieg wurde das Werk von der sowjetischen Besatzungsmacht teilweise demontiert, aber noch bis 1965 zur Stromproduktion genutzt. Danach wurde das Werk zur Erzeugung von Heizwärme umgerüstet und versorgte bis 1991 die Wohngebiete von Finow.

Seit der Stilllegung 1991 steht das Gebäude leer. 2006/07 ist das ehemalige Kesselhaus wegen Baufälligkeit abgerissen worden. Die Zukunft der übrigen Gebäude ist ungewiss.

STANDORT → Die Siedlung Messingwerk befindet sich rund um die Erich-Steinfurth-Straße und die Altenhofer Straße

BUSANBINDUNG → Buslinien 861 + 862 (Haltestelle Kleiner Stern)
→ ab Kleiner Stern weiter mit Buslinie 864 (Haltestelle Erich-Steinfurth-Straße)

10

MESSINGWERK

1700 nahm in Heegermühle bei Eberswalde das erste Messingwerk der Mark Brandenburg seine Arbeit auf. Es wurde auf Anordnung des Kurfürsten Friedrich III. errichtet, arbeitete zunächst unter staatlicher Verwaltung, wurde aber schon bald darauf verpachtet. Unter anderem übernahmen auch hier wieder Aureillon, Didelot und Lejeune für einige Jahre das Werk. Hergestellt wurden Glocken, Kessel, Draht, Messinggefäße und Kleinwaren wie Knöpfe und Haken. Da das Werk aber ohne wirtschaftlichen Erfolg arbei-

← *Die ältesten Arbeiterhäuser der Siedlung Messingwerk; Zustand vor der Sanierung 2017*

tete, übernahm ab 1719 erneut der Staat die Verwaltung. Man ließ Erneuerungen durchführen und verlegte die Anlage des Werks von der Heegermühler Schleuse in die heutige Erich-Steinfurth-Straße.

In unmittelbarer Nähe zum Werk wurden Wohnhäuser für die Arbeiter errichtetet. Das Haus in der heutigen Erich-Steinfurth-Straße 47/48 wurde als erstes dieser sogenannten Wohnkaten errichtet. Es war für acht Familien geplant, die je eine Stube zur Verfügung hatten und sich zwei Gemeinschaftsküchen teilten. Es ist das älteste erhaltene Gebäude der Siedlung Messingwerk und zählt wahr-

← *Der Wasserturm der Messingwerksiedlung*

↑ Der Messingwerkhafen um 1900

scheinlich zu den ältesten erhaltenen Arbeiterhäusern Brandenburgs.

1729 übernahm das Berliner Bank- und Handelshaus Splitgerber & Daum das Messingwerk. Es blieb bis 1786 Pächter des Werks und sicherte sich damit die Zulieferung für seine Gewehrfabriken in Spandau und Potsdam. In die Zeit der Pacht fielen auch einige Werkerweiterungen und Neubauten. Das Alte Hüttenamt wurde 1736 als Verwaltungsgebäude errichtet und beherbergte neben den Büros drei Beamtenwohnungen und ein Magazin. 1779 zählte man 283 Einwohner in der Siedlung Messingwerk.

Um die Belegschaft im Werk zu halten, wurde Wohnraum zur Verfügung gestellt und weitere Unterstützung, wie die Bereitstellung von Brennholz und Gartenland, zugesichert.

1786 übernahm der Staat abermals das mittlerweile wirtschaftlich sehr erfolgreich arbeitende und sogar ins Ausland exportierende Messingwerk. Für die anschließende Erneuerung des Werks war – wie auch schon für andere Werke der Umgebung – der Hütten-

↑
Produktion im Messingwerk um 1900

baumeiser Johann Friedrich Wedding verantwortlich. Ab den 1850er-Jahren stellten sich erneut wirtschaftliche Schwierigkeiten ein, die 1863 zum endgültigen Verkauf des Werks samt Siedlung an die Firma Aron Hirsch & Sohn führten. Das erfolgreiche jüdische Unternehmen aus Halberstadt besaß bereits ein Kupferwerk in Ilsenburg. Es begann eine neue Ära im Messingwerk und schon bald nach der Übernahme wurden umfassende Modernisierungen der Anlagen vorgenommen. Die Werksleitung übernahm Aron Hirschs Sohn Gustav. Dieser ließ sich 1886 inmitten der Siedlung ein Haus bauen und verlegte seinen Wohnsitz nach Messingwerk. Nach anfänglichen wirtschaftlichen Schwierigkeiten stellten sich vor allem durch Rüstungsaufträge bald Erfolge ein, die in den kommenden Jahren das Werk stetig wachsen ließen. Beschäftigte man im Jahr 1872 rund 200 Arbeiter, war die Zahl im Jahr 1907 auf 950 Arbeiter gestiegen.

Die Produktpalette umfasste zu jener Zeit vor allem eine weite Spanne an Halbfabrikaten. In der heute noch erhaltenen Patronenhütte stellte man zum Beispiel Messingscheiben her, die in Gewehrfabriken zu Patronenhülsen weiterverarbeitet wurden. Aber auch eher außergewöhnliche Produkte wurden in der Ära Hirsch gefertigt, zu denen wohl auch die für China produzierten Rohlinge von Geldmünzen aus Kupfer und Bronze gehörten. Geprägt wur-

↓ *Mosaik von César Klein im Windfang des Torbogenhauses*

↗ *Das Alte Hüttenamt mit dem rechts angrenzenden Torbogenhaus*

den die Münzen aus Sicherheitsgründen erst vor Ort in China. Auch Kupferscheiben für Tonaufnahmen mit Phonographen erblickten im Messingwerk das Licht der Welt. Diese Scheiben dienten nach der Tonaufnahme als Vorlage zur Herstellung von Schallplatten.

Nachdem Gustav Hirsch 1898 verstarb, übernahm sein Neffe Aron Hirsch die Leitung des Unternehmens und wandelte es 1906 in die Hirsch Kupfer- und Messingwerke Aktiengesellschaft um.

Ein weiterer enormer Wachstumsschub stellte sich ein und man begann mit der Erweiterung des Werks östlich der Altenhofer Straße. Auch die Wohnsiedlung Messingwerk wurde in den folgenden Jahren deutlich ausgebaut und erhielt ihr heutiges Erscheinungsbild. Siegmund Hirsch, der als Sohn von Aron Hirsch mittlerweile in die Geschäftsleitung der AG eingestiegen war, engagierte die Berliner Architekten Paul Mebes und Paul Emmerich. Zusammen realisierten sie eine ganze Reihe von Gebäuden für die Messingwerk-Siedlung. Das Torbogenhaus markiert heute mit seiner Tordurchfahrt über der Erich-Steinfurth-Straße den Eingang zur Siedlung. Es wurde als Erweiterung des Alten Hüttenamtes gebaut, um Verwaltung und Laboratorien unterzubringen. Später wurde es für die Nutzung als Wohnraum umgebaut. Im Hauseingang unter dem Torbogen befindet sich ein kleiner Windfang, der mit einem

←
Das ursprünglich 1886 für Gustav Hirsch errichtete Wohnhaus wurde 1916 von Siegmund Hirsch in seinen heutigen Zustand umgebaut

Mosaik des Künstlers César Klein ausgekleidet ist. Siegmund Hirsch ließ das Wohnhaus seines Onkels Gustav zu einer Villa umbauen, um dort mit seiner Frau Luise zu leben. Das Geklapper der Pferdehufe auf dem Kopfsteinpflaster soll Luise so sehr genervt haben, dass man eigens ein Holzpflaster vor der Villa Hirsch verlegt haben soll.

Im dazugehörigen Garten befand sich ein längliches Wasserbecken, in dem sich der in Sichtachse zur Villa erbaute Wasserturm spiegelte. Der zwischen 1917 und 1918 nach den Plänen von Mebes errichtete Turm diente zur Versorgung mit Trink- und Betriebswasser aus sechs Tiefbrunnen. Der Turm mit dem auf vier lange Stelzen gesetzte Wasserbehälter ist mit seinen fünfzig Metern weit über die Grenze des Messingwerks sichtbar.

Nur wenige Schritte von der Villa Hirsch entfernt entstand am heutigen Gustav-Hirsch-Platz ein kleiner Komplex mit Wohnhäusern im holländischen Stil, die für die damalige Zeit mit hohem

→ Blick vom Garten der Familie Hirsch zum Wasserturm

Komfort ausgestattet waren. Während der Baumaßnahmen stießen Arbeiter auf ein Tongefäß, in dem sich ein 2,59 Kilogramm schwerer Goldschatz befand. Es sollte sich herausstellen, dass es sich bei diesem Schatz um einen der bedeutendsten mitteleuropäischen Bronzezeit-Funde und den größten vorgeschichtlichen Goldfund in Deutschland handelte. Er stammte aus der Spätbronzezeit und wird auf das 10. oder 9. Jahrhundert v. Chr. datiert. Ende des Zweiten Weltkrieges gelangte der Schatz als Beutekunst in die Sowjetunion.

Nicht nur die Wohnverhältnisse stellten sich im Messingwerk besser als in anderen Betriebsstätten entlang des Finowkanals dar. Die Hirsch Kupfer- und Messingwerke kümmerten sich auch um die Belange ihres Personals. Neben einer eigenen Versorgungskasse wurde ein Landwirtschaftsbetrieb gegründet, um die Werksangehörigen auch in schwierigen Zeiten mit Lebensmitteln versorgen zu können. Stallungen für Rinder, Schweine und Hühner wurden angelegt. Arbeiter, die aufgrund von Krankheit oder Kriegsverletzungen nicht mehr voll einsatzfähig waren, fanden hier eine Beschäftigung.

↓ *Das Neuwerk*

Auf einem von der Familie Hirsch unentgeltlich zur Verfügung gestellten Platz wurde 1922/23 die Schule errichtet. In dem dreigliedrigen Gebäude waren links die Klassenräume untergebracht, in der Mitte befand sich die Turnhalle und im rechten Gebäude waren zwei Wohnung für Lehrer eingerichtet. Heute befindet sich in dem Gebäude das Eichamt.

Die steigende Rüstungsproduktion während des Ersten Weltkrieges brachte es mit sich, dass das Messingwerk einen weiteren

→ *Das ehemalige Schulgebäude*

Ausbau erfuhr. Aufgrund fehlender Platzkapazitäten am damaligen Standort wurde das neue Werksgelände rund 800 Meter entfernt angelegt. 1920 war das als Neuwerk bezeichnete Betriebsgelände fertiggestellt. Es bestand nun nicht mehr aus mehreren kleinen Produktionshallen. Zwei riesige Werkhallen vereinigten alle Werkstätten unter einem Dach. Wieder war es Paul Mebes, der die eindrucksvollen Gebäude mit den großen Spitzbogenfenstern entwarf.

Das Messingwerk entwickelte sich zum größten Arbeitgeber der Region. 1918 zählte man fast 2400 Mitarbeiter. Die Produktion konnte mit der Verlegung des Betriebs in das Neuwerk um mehr als das Dreifache gesteigert werden und die Hirsch Kupfer- und Messingwerke gelangten zu europaweiter Bedeutung. Dies währte jedoch nicht lange. Durch die Wirtschaftskrise geriet das Unternehmen in finanzielle Schwierigkeiten und die Familie Hirsch schied aus der Leitung des Unternehmens aus.

Siegmund Hirsch floh aus Deutschland und errichtete ein Kupferwerk in Ägypten. Später zog er in die USA und zuletzt in die Schweiz, wo er 1981 verstarb. Aron Hirsch blieb in Deutschland und verstarb im Februar 1942. Seine Frau Amalie nahm sich im August 1942 das Leben, um der drohenden Deportation zu entgehen. Das Messingwerk gelangte 1942 in den Besitz der AEG und wurde in Finow Kupfer- und Messingwerk AG umbenannt. Unweit des

Messingwerks errichtete die als Tochtergesellschaft gegründete Finow Industrie GmbH eine geheime Munitionsfabrik namens »Waldeslust«. Neben deutschen dienstverpflichteten Frauen und ausländischen Arbeitskräften wurden vor allem auch Frauen aus dem ebenfalls hier errichteten Außenlager des KZ Ravensbrück als Zwangsarbeiterinnen eingesetzt.

Nach dem Krieg wurde das Gelände des Neuwerks von der Sowjetarmee besetzt, die die Anlage komplett demontierte und alle Gebäude bis auf das Kesselhaus und das Verwaltungsgebäude abreißen ließ. 1949 wurde das Gelände wieder zur industriellen Nutzung freigegeben.

1950 erfolgte der Zusammenschluss mit der Eisenspalterei zum VEB Walzwerk Finow. Es entstand das zur damaligen Zeit modern-

← *Arbeiterhäuser im holländischen Stil*

↓ *Nachbildung des Goldfundes am Gustav-Hirsch-Platz*

→ *Die Teufelsbrücke am ehemaligen Messingwerkhafen*

ste Warmwalzbandwerk der DDR, welches fast genauso viele Mitarbeiter beschäftigte wie zuletzt die Hirsch Kupfer- und Messingwerke. Nach der Wende folgte 1990 die Stilllegung des Werks. 1993 wurde das Gelände von einem slowakischen Unternehmen übernommen und ging mit einer wesentlich kleineren Anzahl an Beschäftigten wieder in Produktion.

2012 brachte der Konkurs der Walzwerke Finow GmbH die endgültige Stilllegung des Werks.

Von den Gebäuden des ehemaligen Altwerks an der Erich-Steinfurth-Straße ist nur wenig erhalten geblieben. Das Gelände wurde in den letzten Jahren geräumt und ein kleiner Park als Naherholungsgebiet angelegt. Der Blick auf den ehemaligen Hüttenteich mit seiner Teufelsbrücke ist nun freigegeben. Die ursprünglich 1820 in England entworfene und erbaute Brücke wurde 1824 als Weidendammer Brücke in Berlin errichtet. 1895 wurde sie ein weiteres Mal umgesetzt, nach Liepe, und fand 1913 ihren endgültigen Standort als Fußgängerbrücke am Messingwerkhafen. Historische Relevanz kommt ihr nicht nur als erste gusseiserne Brücke in Mitteleuropa zu, auch für Theodor Fontane war sie von besonderer Bedeutung. Am 8. Dezember 1880 soll er sich auf der damals noch in Berlin stehenden Brücke mit Emilie Rouanet-Kummer verlobt haben.

← *Das Innere der Patronenhütte*

Die Siedlung Messingwerk ist in den letzten Jahren aufwändig restauriert worden. Der Wasserturm lädt Besucher ein, vom Aussichtssteg einen Blick von oben auf die Siedlung und das Finowtal zu werfen. Im Inneren des Turms ist eine Ausstellung zur Geschichte des Messingwerks untergebracht.

↓ *Die Patronenhütte, umgeben von einer Parkanlage*

STANDORT → Die Kupferhäuser befinden sich nahe der Siedlung Messingwerk im Bereich Altenhofer Straße/Mühlenstraße/Am Wasserturm

BUSANBINDUNG → Buslinien 861 + 862 (Haltestelle Kleiner Stern)
→ ab Kleiner Stern weiter mit Buslinie 864 (Haltestelle Erich-Steinfurth-Straße)

11

KUPFERHÄUSER

In der Siedlung Messingwerk befinden sich an der Altenhofer Straße noch heute die Zeugen eines bemerkenswerten Projektes aus den Anfängen des industriellen Bauens und der Fertighaustechnologie. 1929 richteten die Hirsch Kupfer- und Messingwerke AG eine Abteilung Kupferhausbau ein. Die Leitung der Abteilung übernahmen der Architekt Robert Krafft und der Ingenieur Frigyes Förster. Zusammen entwickelten sie ein Baukastensystem für Fertigwohn-

← *Postkartenmotiv Kupferhäuser*

häuser unter der Verwendung von Kupferblech als Baumaterial. In Leichtbauweise wurden auf einem tragenden Holzrahmen dünne Kupferbleche als Außenverkleidung angebracht und die Innenseiten mit Stahlblech verkleidet. Mit Hilfe von Luftkammern, die durch dünne Bleche begrenzt waren, erzeugte man eine gute Wärmedämmung. Die einzelnen, vorgefertigten Hauselemente waren bereits mit Türen, Fenstern, Wasser-, Strom- oder Gasleitungen, Sanitäranlagen und weiterem Komfort versehen. Die Häuser konnten an entsprechendem Ort in wenigen Tagen aufgebaut und bei Bedarf später dank des Baukastensystems erweitert werden.

Die Hirsch Kupfer- und Messingwerke AG ließ eine Gruppe von sieben verschiedenen Musterhäusern am Rande der Messingwerksiedlung errichten. Im Verkaufskatalog wurde der Traum vom Ei-

← *Zweigeschossiges Kupferhaus*

genheim mit klangvollen Namen wie »Kupfercastell«, »Maienmorgen«, »Frühlingstraum« oder »Lebenssonne« beworben.

Auch über die Vielzahl an Möglichkeiten zur individuellen Gestaltung des Innenraums gab der Katalog Auskunft. Um Gemütlichkeit auf karge Blechwände zu zaubern, wurde das Stahlblech der Innen-

↑ →

Architekt und Bauhausbegründer Walter Gropius (1883–1969) entwarf das Musterhaus Typ K in der Messingwerksiedlung

wände mit unterschiedlichen Farben und Reliefmustern versehen.

Zwei der Musterhäuser wurden 1931 auf der Deutschen Bauausstellung in Berlin und der Internationalen Kolonialausstellung in Paris präsentiert, auf der man die Häuser mit dem Grand Prix auszeichnete.

Während der Bauausstellung in Berlin wurde der berühmte Architekt und Begründer des Bauhauses Walter Gropius, der sich selbst mit der Idee industriell gefertigter Wohnhäuser befasste, auf die Kupferhäuser aus Messingwerk aufmerksam. Gropius machte einige technische Verbesserungsvorschläge und wurde wenig später mit der Leitung des Projektes beauftragt. Das von ihm entworfene Haus Typ K wurde der Musterhaussiedlung hinzugefügt. Im Gegensatz zu den anderen Häusern, die mit kleinen Details wie Rundbögen, Vorsprüngen oder Veranden versehen waren, entwarf Gropius ein schlichtes, den Vorstellungen des modernen Bauens entsprechendes Haus. Trotz anfänglich großen positiven Echos wurden die Kupferhäuser für die Hirsch Kupfer- und Messingwerke AG nicht zu einem kommerziellen Erfolg. Man verkaufte nur rund fünfzig Häuser. Bereits 1932 wurde im Zuge der schlechten Wirtschaftslage des Messingwerks die Abteilung Kupferhausbau aus dem Werk ausgegliedert.

René Schwartz, Schwiegersohn von Aron Hirsch, führte die Produktion der Kupferhäuser mit der Gründung der Deutschen Kupferhausgesellschaft (DKH) in Berlin weiter. Diese wandte sich nun aufgrund der aktuellen politischen Situation direkt an jüdische Flüchtlinge und warb darum, ein solches Kupferhaus mit nach Palästina zu nehmen. Die Häuser trugen nun Namen wie »Scharon«, »Haifa« oder »Jerusalem« und ließen sich in Pakete verpackt als »Umzugsgut« ausführen. Dem Aufruf folgte jedoch nur ein knappes Dutzend Ausreisende. Als die Nationalsozialisten die Verarbeitung von Kupfer für zivile Zwecke verboten, bedeutete dies endgültig das Ende für die Kupferhäuser.

Neben den Häusern in Messingwerk sind vor allem im Raum Berlin und Umland weitere Häuser erhalten geblieben. In Israel stehen insgesamt noch vier Kupferhäuser als Zeugen einer bewegenden Vergangenheit.

↓ *Eingeschossiges Kupferhaus*

INFORMATIONEN

Familiengarten Eberswalde
Am Alten Walzwerk 1, 16227 Eberswalde
April–Oktober täglich 10.00–18.00 Uhr
geöffnet.
T (0 33 34) 38 49 10
www.familiengarten-eberswalde.de

Tourist-Information im Familiengarten
Am Alten Walzwerk 1, 16227 Eberswalde
T (0 33 34) 38 49 10
Dienstag und Mittwoch 10.00–16.00 Uhr

Tourist-Information und Museum in der Adler-Apotheke
Steinstraße 3, 16225 Eberswalde
T (0 33 34) 6 45 20
Montag geschlossen
Dienstag–Freitag 10.00–13.00
und 14.00–17.00 Uhr,
Samstag 10.00–13.00 Uhr
Sonntag 10.00–17.00 Uhr

Schiffshebewerk Niederfinow
In den Sommermonaten 9.30–17.30 Uhr
In den Wintermonaten 10.00–17.00 Uhr
www.schiffshebewerk-niederfinow.info

Finower Wasserturm
Von Ostern bis nach den Herbstferien
Freitag, Samstag, Sonntag und
an Feiertagen 10.00–17.00 Uhr
oder außerhalb der Öffnungszeiten
nach Absprache:
T (0 33 34) 23 78 46
M (0172) 92 61 76
www.wasserturm-finow.de

Erinnerungsstätte Außenlager des KZ Ravensbrück
T (0 33 34) 38 28 319
M (0163) 44 54 711
tolerantes_eberswalde@web.de

Binnenschifffahrts-Museum Oderberg
Hermann-Seidel-Str. 44, 16248 Oderberg
April–Oktober täglich 10.00–17.00 Uhr
November–März täglich 10.00–15.00 Uhr
T (03 33 69) 53 93 21
www.bs-museum-oderberg.de

Luftfahrtmuseum Finowfurt
Museumsstraße 1
16244 Schorfheide, OT Finowfurt
November–März täglich 10.00–15.00 Uhr
April–Oktober täglich 10.00–17.00 Uhr
T (0 33 35) 72 33
www.luftfahrtmuseum-finowfurt.de

Informationen zum Wassertourismus:

KAG Region Finowkanal
Informationsbroschüren zum Wasserwandern mit näheren Informationen zu Anlegestellen und Schleusenmöglichkeiten stehen auf der Website zum Download zur Verfügung: www.kag-finowkanal.de

Wasser- und Schifffahrtsamt Eberswalde
www.wsa-eberswalde.de

Floßfahrten mit der Schippelschute, Marina Eisvogel, Kanuverleih Finowfurt
www.schippelschute.de

Unser Finowkanal e. V.
Der Verein setzt sich für die Erhalt der Wasserstraße ein.
www.unser-finowkanal.eu

Einige Fakten für Wassertouristen:
Die maximale Fahrgeschwindigkeit auf dem Finowkanal beträgt 6 km/h.
Für das Befahren des Finowkanals sollte genügend Zeit eingeplant werden, da das Passieren der manuell betriebenen Schleusen eine gewisse Zeit beansprucht.
Die Schleusen sind während der Saison (April–Oktober) von 9.00 bis 17.00 Uhr mit Personal besetzt. Eine vorherige Anmeldung zur Schleusung ist nicht notwendig.
An allen Schleusen bieten sich Ausstiegsmöglichkeiten zum Umtragen der Schleuse.
Die Hubbrücke in Eisenspalterei öffnet in der Saison täglich bei Bedarf im Zwei-Stunden-Takt von 8.00 bis 18.00 Uhr.

BIBLIOGRAFIE

Aurich, H.: Die Industrie am Finowkanal. Bilder aus dem Industrieleben am Finowkanal, 1. Bändchen, Eberswalde 1906

Aurich, H.: Die Industrie am Finowkanal. Bilder aus dem Industrieleben am Finowkanal, 2. Bändchen, Eberswalde 1907

Bartels, Klaus B.: Papierherstellung in Deutschland. Von der Gründung der ersten Papierfabriken in Berlin und Brandenburg bis heute, Berlin 2011

Behring, Ellen/Fischer, Ingrid/Heine, Brigitta/Kuchenbecker, Arnold: Eberswalder Gedenkbuch für die jüdischen Opfer des Nationalsozialismus. 1938–2008. 70 Jahre nach der Progromnacht, Eberswalde 2008

Bellermann, Joh. Joachim: Neustadt Eberswalde, Berlin 1829

Benz, Wolfgang/Distel, Barbara (Hg.): Der Ort des Terrors. Geschichte der nationalsozialistischen Konzentrationslager, München 2006

Bergmann, Heiko: Die Eberswalde-Finowfurter Eisenbahn, Berlin 1998

von Borries, Friedrich/Fischer, Jens-Uwe: Heimatcontainer. Deutsche Fertighäuser in Israel, Frankfurt a. M. 2009

Deutsche Gesellschaft e.V./Kreuzberg Museum (Hg.): Der Stoff, aus dem Berlin gemacht ist. Entdeckungsreisen zu den Industriedenkmalen Brandenburgs, Berlin 1994

Friese, Karin: Papierfabriken im Finowtal, Eberswalde 2000

Geschichtswissenschaftliches Institut Eberswalde (Hg.): Das Märkische Stahlformenwerk, das Werkslager und das ›Waldlager Britz‹. Eine Dokumentation über den Aufbau einer Rüstungsschmiede von Holger Kliche, Eberswalde 2007

Geschichtswissenschaftliches Institut Eberswalde (Hg.): Idyllisches Finowtal – von 1939 bis 1945 für Tausende das Tal des Leidens, Eberswalde 2007

Härtel, Christian: Landschaftspark Finowtal. Ein Industriegebiet im Wandel, Berlin 2002

Kuchenbecker, Arnold (Hg.): Das Messingwerk und seine Lebensader. Eine Dokumentation zur Ausstellung, Eberswalde 2007

Laible, Ulrike (Hg.): Architektur in Brandenburg. Bauten der Weimarer Republik, Berlin 2011

Mangelsdorf, Frank (Hg.): Einst und Jetzt. Eberswalde, Berlin/Wildeshausen 2010

Raach, Jörg: Industriekultur in Brandenburg. Faszinierende Denkmale des Industriezeitalter, Berlin 2010

Rohowski, Ilona: Denkmale in Brandenburg. Landkreis Barnim. Teil 1: Stadt Eberswalde, Worms 1997

Ruch, Oliver/Domke, Petra: 100 Jahre Strom. Die Geschichte der Elektrizität in Eberswalde 1906–2006, Berlin 2006

Schlaak, Marina: Zeitzeichen – Eberswalde Geschichte und Geschichten, Eberswalde 2003

Schmidt, Rudolf: Der Finowkanal. Zur Geschichte seiner Entwicklung, Eberswalde 1938

Schmidt, Rudolf: Geschichte der Stadt Eberswalde. Von 1740 bis 1940, Eberswalde 1941

Seemer, Herbert: Chronik von Wolfswinkel, unveröffentlichtes Typoskript o. J., Kopie Kreisarchiv Barnim

Seifert, Carsten/Bodenschatz, Harald/Lorenz, Werner: Das Finowtal im Barnim. Wiege der brandenburgisch-preußischen Industrie, Berlin 2000

Stadt Eberswalde, Museum in der Adler-Apotheke (Hg.): BauMeister. Architekten, Ingenieure und ihre Bauten in Eberswalde, Eberswalde 2008

Stadt Eberswalde, Museum in der Adler-Apotheke (Hg.): Eberswalde als Bade- und Luftkurort 1795–1850, Eberswalde 2002

Stadt Eberswalde, Museum in der Adler-Apotheke (Hg.): Malerische Entdeckungen. Das Finowtal in der ersten Hälfte des 19. Jahrhunderts, Eberswalde 2002

Stadt- und Kreismuseum Eberswalde (Hg.): Eberswalde 1945. Eine Zusammenfassung von Ereignissen mit Dokumenten und Erinnerungen, Eberswalde 2001

Stähr, Hans-Joachim / Laffin, Karl-Dietrich / Gabsch, Roland: Kupferhammer. Eine Werks- und Ortsteilgeschichte, Eberswalde 2000

Uhlemann, Hans-Joachim: Historisches vom Strom. 250 Jahre Finowkanal, Duisburg 2006

Verein für Heimatkunde zu Eberswalde e. V.: Eberswalder Jahrbuch für Heimat-, Kultur- und Naturgeschichte 1998/1999, Eberswalde 1998

Verein für Heimatkunde zu Eberswalde e. V.: Eberswalder Jahrbuch für Heimat-, Kultur- und Naturgeschichte 1999/2000, Eberswalde 1999

Wollunder, Christian Fürchtegott: Tagebuch einer metallurgisch-technologischen Reise durch Mähren, Böhmen, einen Theil von Deutschland und der Niederlande, Nürnberg 1824

ZITATNACHWEIS

1 Jugend- und Kulturverein EXIL e. V. www.eisenspalterei.de

2 Eberswalde 1945 – Dokumente und Erinnerungen, S. 6

3 Hermann Aurich: Die Industrie am Finowkanal 1, S. 98

4 Klingenberg, Georg: Das Märkische Elektrizitätswerk, in: *Zeitschrift des Vereins Deutscher Ingenieure,* Jg. 52, 1911

BILDNACHWEIS

Hermann Aurich 1906: S. 49, S. 52, S. 55, S. 61, S. 62, S. 79

Deutsches Technikmuseum Berlin: S. 74

Kreisarchiv Barnim: S. 34, S. 54, S. 58

Sammlung Christoph Laska: S. 12 (Verlag J. Lindeberg, Rathenow), S. 13 unten (G. Neumann, Eberswalde), S. 15, S. 21 (Kunstverlag H. Cerf, Berlin), S. 22, S. 26 (A. Arendt, Eberswalde), S. 78, S. 82, S. 83

wikipedia.de: S. 11, S. 31 o., S. 41, S. 89, S. 90 li. (L. Held)

Jugend und Kulturverein Exil Eberswalde e. V. S. 36